シニアミドルが直面する自己変容の必然

大井俊一

22世紀アート

はじめに

２０１３年４月に雇用確保義務年齢が65歳になり、60歳定年であっても雇用継続を希望すれば、65歳まで勤務することは常態化してきました。そこに２０２１年４月「高年齢者雇用安定法改正」があり、65歳から70歳までの就業機会を確保するための措置が取られました。即ち「これまでの65歳までの雇用確保（義務）」に「65歳から70歳までの就業機会の確保（努力義務）」が追加されたことになります。65歳までに加えて70歳まで、働く意欲を持つビジネスパーソンには活躍の場が急速に拡がっていくと考えられます。

このような雇用環境の変化によって、職場には今後ますます高年齢者が増加していきます。その状況下でビジネスパーソン個人にとっても、組織にとってもどのような変化が生じてくるのでしょうか。シニアの年齢に達したビジネスパーソンのビジネス社会における生き方が大きな課題となってきます。とりわけ企業での経験を積み、組織活動の中核を担う熟年中堅リーダー（略称として「シニアミドル」と呼ぶ）の精神的ありようと実践行動が、組織からの期待にどのように適合していけるかは、個人的にも、組織的にも大きな課題です。

激しく変化する時代にあって、現状維持は退行を意味します。人は誰も能力の限界が訪れてもそれに気付かず、あるいは自覚していたとしても現状維持を志向します。閉塞感や不安が高まっても、人間は本能的に目の前の不安から逃れる手段を持っています。他への責任転嫁や理屈を考えての放置、先送り、そして忘れてしまうことです。しかしこれでは事態の改善、改革は不可能で、人も組織も無能化していきます。

企業における階層社会とは、一人ひとりが能力を発揮し、組織貢献度に応じて昇進し、職位の上昇に伴って報酬も増加する仕組みを持つ社会です。自己の成長と組織への貢献を果たしながら昇進をくり返し、職位を上げていくことは、ビジネス活動の主要な動機付けになっています。20歳代から40歳代半ばまでの上昇志向に胸を膨らませた若い世代にとっては、当然の価値観であると思います。しかし昇進をいつまでも続けることは不可能です。この階層社会に身を置くすべての人にとって、人それぞれにどこかの職位で、自己能力と組織貢献度が頭打ち状態になっていることを知るときが訪れます。40歳代半ばを過ぎ、50歳代においても、「昇進」の価値観を最優先にしたビジネス人生を志向するのであれば、昇進する度に訪れる頭打ち現象に気付き、自己変容を遂げて頭打ち状態を打破し、克服していく必要があります。しかし上昇する職位に伴う職務の変化に、どこまでも適応し自己変容していくことは不可能です。環境変化に適応できていない自分に気付かなければ、あるいは気付いても変化に適合できなければ、組織内での存在感は低下し、組織も衰退の道をたどることになります。

階層社会で活動するすべてのビジネスパーソンは、昇進を重ねたどこかの職位で頭打ちする、この現象を法則として捉えたのが「ピーターの法則」です。若者にとって階層社会は、未来へ向かって上昇志向を満たしてくれる、希望膨らむ世界を提供しているかも知れません。しかし中堅リーダーにまで昇進したシニアミドルにとっては厳しい現実が待っています。シニアミドルが階層社会の中で生き抜き、自己を最大限に表現し、組織への貢献度を高めたいと考えるなら、まずは「ピーターの法則」の意味するところを理解した上で、自分自身の現在のありようと将来へのあり方を見つめていくことだと思います。

「ピーターの法則」はローレンス・J・ピーター、レイモンド・ハル著『The Peter Principle』(1969)で初めて提示されました。その翻訳書『ピーターの法則』は1970年に出版され、その後2003年に新訳版、2018年には『[新装版]ピーターの法則――「階層社会学」が暴く会社に無能があふれる理由』が出版されています。私たちが「ピーターの法則」に出会って半世紀を越えていますが、今なお信奉者は多く若い世代にも読み継がれているようです。

「ピーターの法則」のエッセンスは「階層社会ではすべての人は昇進を重ね、各々の無能レベルに到達する」というものです。人は有能さを認められれば昇進し、さらに新しいポジションで有能と認められれば、次の昇進が待っています。しかしすべての人は、いずれは役割変化に自己変革が追いつかなくなるために、最後の昇進は有能レベルから無能レベルへの昇進となるわけです。その後はそこに留まり続けようとします。そこで「ピーターの必然」は次のような帰結を予測します。「やがてあらゆるポストは、職責を果たせない無能人間によって占められる」と。それでも組織は目標達成への努力を続けるわけですが、それは「仕事は、まだ無能レベルに達していない者によって行われている」ということです。つまり仕事は、活力にあふれた若手社員や中堅社員、まだ昇進途上の幹部社員によってなされている、と述べられています。

組織能力を考えるとき、シニアミドルがそれぞれの職位に期待される役割を果たせず、守旧的に固まってしまったような、ここでいう無能レベルに陥ることは大きな問題です。能力的限界に達した人が保身を図れば「ピーターの法則」通り、組織機能の低下をきたします。最悪なのは有能レベルの人の活動を邪魔し、自分より無能レベルの人のみを容認して、無能が無能を呼ぶ、無能の悪循環を生み出す場合です。組織は無能レベルの人たちで満たされます。

現実に職場には、役割期待のあいまいな、あるいは逆にあまりにも限定された役割しか担っていない中堅・ベテラン社員がいるものです。また課長、部長と呼ばれる人も、かつてのような活力あるリーダーシップでメンバーを勇気づけ、創造的・挑戦的能力を発揮していたころの面影は薄れ、今は管理型の側面を強め、メンバーの多様な発想、創造性をむしろ阻害する守旧の壁になっている場合もよく見られます。上級部長クラスや部門長、役員といった高い職位のリーダーは、幾多の環境変化に適応して自己変容をくり返し、現在の役職にまで昇進しています。しかし現在の職位においても、さらに昇進しても、どこかの職位で役割期待に対応する自己変容が追いつかず頭打ち現象が生じます。これまでの成功体験に偏った独善的な発想が組織に停滞感をもたらします。リーダーへの忖度の空気、部分最適的思考、社内論理優先が常態化していきます。この無能化は、社長、会長（CEO）にまで昇りつめたとしても、同じようなリスクは常に付きまといます。

本書では、階層社会におけるシニアミドルのあり方を考えます。40歳代後半から50歳代にかけて「ピーターの法則」でいう無能レベルに陥ったシニアミドルが、65歳あるいは70歳まで有能レベルで存在感を発揮し、自己実現を果たす状況をいかにつくり出せるか、企業、組織にとっても、本人個人にとっても重大問題です。シニアミドルは企業経営、事業経営の中核を担っているだけに、無能化した状態を放置するわけにはいきません。シニアミドル自身にとっても現状への安易な肯定感や職位にしがみつく行為は、さらに続く将来への長いビジネス人生に大きな禍根を残すことになります。現状の閉塞感に気付いた今、その状況を分析し、立ちはだかる壁の打開や方向転換を図る方策を考えなければなりません。

そこで本書の第一部では、階層社会において、ビジネスパーソンがなぜ「ピーターの法則」に陥ってしまうのか、シニアミドルを対象に無能レベルに陥る原因を分析します。第二部では、シニアミドルが「ピーターの法則」でいう無能レベルから脱却する動機付けと、「ピーターの法則」を克服する方策を考えます。有能レベルで65歳、70歳までを有意義に活動したいと考えるとき、改めて今後のキャリア開発を想定する必要があります。そのときの参考のために、いくつかの歩んでいく道筋を示し、それぞれの道で果敢に歩みを進めるための指針を提案します。

本書で対象にしているシニアミドルのイメージは、40歳代後半から50歳代の熟年層で、一般的に言われるチームリーダー、課長、グループリーダー、部長等の中堅リーダークラスの人たちです。さらにはすでにリーダー職を離れている60歳代も本書の議論に参加してもらって、ビジネス人生の晩年の生き方に何らかの参考になれば幸いです。

シニアミドルといっても、またどのような役職にあっても、一人ひとりの性格や能力、経験、事情も異なります。従って現在の職位、職務にこだわることなく、自分自身が考える立ち位置で現況を分析し、将来の方向を頭に描いてもらいたいと思います。

「ピーターの法則」に陥る原因やその克服策を探るとき、どうしても人間の本性に関わるところに突き当たります。人間の本性の部分は無意識でいると本性のままに動かされてしまいます。「ピーターの法則」が示す意味を理解し、克服しようとするとき、人間の本性を把握し、意識して自己分析と自己変容に活用することは、とても効果的な思考方法だと考えます。従って本書では、心理学やビジネス書でよく用いられる法則、原則、バイアス、用語を多用しています。そこには人間の本性が端的に表現されているからです。

なおここで用いた、法則、原則、バイアス、用語の説明は、インターネット情報を引用または参考にしたものです。巻末に「付録：法則、原則、バイアス、用語集」を付記しています。いろいろな場面で参照していただければ幸いです。

目次

第三章　部門中核リーダー層に特有の無能に陥る原因……73

第一部　階層社会におけるシニアミドルの無能化の原因

第一章　「ピーターの法則」に陥る無能化の原因を全般的視点から探る

ビジネスパーソンは企業に入社後、無意識のうちに階層社会に組み込まれ、学びと経験を重ねながら能力を発揮し、組織成果に貢献し昇進を重ねていきます。しかしこの階層社会に身を置く限りにおいて、誰しも「ピーターの法則」にはまっていきます。そして例外なく職位のどこかのレベルで昇進は止まり、頭打ち現象をきたします。役職に対応した役割期待に、自己能力の変革が追いつかなくなる段階を迎えます。「ピーターの法則」でいう「無能レベル」に到達したことになります。あとは無意識であれば、無能が無能を生む悪循環を呈し、「ピーターの必然」通りに、組織は無能な人たちで埋め尽くされます。

活力ある若者が職場を見渡したとき、なんとなく物事が順調に進まない滞り感や、なぜかコミュニケーションがうまく取れないもどかしさを感じたことがあると思います。また、頑なで率直に話し合えない抑圧的なシニアミドル、あるいは現場感覚から離れ、新しい技術の活用に鈍感で、守旧的なシニアミドルもいるものです。彼らは「ピーターの法則」通りに無能化した状態といえるでしょう。役職に求められる学びと、環境変化に適応する自己変容に気付かないままに、組織貢献度を低下させていきます。

ではなぜビジネスパーソンが例外なく、各々異なる職位で「ピーターの法則」通りに、昇進してきた最後の職位で無能化していくのか。まずはその原因をシニアミドル全般に適用できる一般則について考えてみたいと思います。

1　人間の本性に関わる無能化への本質的な原因

「ピーターの法則」に誰もが捕捉されるということは、人間に共通した生まれつきの心のありよう、即ち人間の本性に関わっているからだろうと考えられます。そこで「ピーターの法則」でいう「無能化」に陥る原因を、まずは心理学で得られている知見も借りて、誰にでも当てはまる人の共通的特性として七つの原則を取り上げました。

■「サクセストラップ」

成功体験を重視しすぎて環境変化に取り残されることを意味する。例えば、強い信念と戦略で成功を収めたとしても、次の段階で環境が異なれば同じ戦略・戦術では通用しない。それでも成功体験で得た過剰な自信が頑なさを生み、経験知の中に自己を狭く押し込めてしまう。強いリーダーシップで成功した自信も、新たな状況では独善に陥り、リーダーとしての弱点になっていく。得意分野こそ最大の弱点になりうる。

■「潜在的自己評価と顕在的自己評価とのギャップ解消の法則」

このギャップを解消しようとしてストレスを高める。自己の中で、あるいは他との関係において葛藤、争いが生じる。混乱の中で自信を失うことが多く、積極的、挑戦的な取り組みにつながらない。どうしても一人ひとりの思考が社内評価重視の内向きになってしまう。

■「トゥキディデスの罠」

既存の支配的な大国が、急速に台頭する大国とライバル関係に発展する際に、それぞれの立場をめぐって摩擦が起こり、当初はお互いに望まないが、結局は直接的抗争に及ぶ、という様子を表現したもの。権力者間あるいは組織間の抗争に明け暮れると、部分最適優先と短期的成果主義を生み、全体的視野、長期的思考は育たない。

■「サンクコスト（Sunk cost：埋没コスト）効果」

回収できない費用、埋没費用を、回収したい、手放したくない、という思考にこだわる。一旦獲得したものは手放せないことになる。特に巨大な資源、ヒト・モノ・カネ・時間を投下した経営施策には、客観的に判断して明らかに悪化している状況でも、「損切り」ができない、むしろ追加のコストをかけて抵抗する。それでも状況に改善がなければ、狭く小さく守勢に入るか、逆に一か八かの一発逆転への拙速決断になる。両極端の行く先には、いずれにしろ敗北の結末が待っている。

■「内集団バイアス」

根拠なく自分の属している集団を持ち上げて考えてしまう。事実情報、客観的考察でも、集団の意思に反すると考える情報は、隠匿、抹殺の対象になる。なぜか我を忘れて興奮してしまう。

■「自己効力感」

自分が目標遂行に効果を及ぼすとき、どれだけの能力を持っているか、の自己認知を意味する。自信があり優越感があれば、挑戦力は増大する。しかしサクセストラップのリスクも高まる。一方自信がなく劣等感を持っていると、守旧的になり立場にこだわる。そこを毀損すると、怒り、激高する。

■「経路依存症」

過去の道筋に依存しやすく、平時では何とかやれているからこそ、やり方を変えることが難しい。平穏な日常の中で、ただ上司のいうことを聞き、同じ場所で反復的にそれぞれのやり方を踏襲していると、時代の変化に合わなくなって変えようと思っても変えられない。個人も組織も急変する環境にはとても対応できない。創造的な人材やグループを疎外し、活かすことができない。日本企業の「失われた30年」の原因は、この「経路依存症」といわれている。

ここで別の角度から、自己の成長を抑制し、組織の活力を阻害する要素を取り上げておきたいと思います。人の思考・行動をネガティブな側面に導く心のありようとして「おごり」「嫉妬心」「野心」の三要素がよく知られています。これらは人により状況によっては人生のポジティブな方向への動機付けになります。しかしこれらが意識の中で過剰に膨らんでコントロールできなくなっている場合や、自分の能力を超えて強く働くと「困った人」になってしまいます。

また職場で感じることは、一定の能力を発揮しながらも、いかにも成長が止まっている人たちがいることです。組織的に統合された推進力を発揮しようとするとき、彼らは多くの場面で抵抗勢力になり、あるいは無関心な立場を取ってしまう人たちです。

彼らはそれぞれに異なる思考、行動を示しますが、そこでの共通的特性を見ていくと、次の三つのパターン、「自己愛型」「鈍感型」「独善型」に分類できると考えます。この場合も誰にでも見られる人間の特性として定着しているものです。しかしこの三つのパターンのどれかを特に過剰に体現し、特段自省の念が感じられない場合があります。この人たちも組織にとって「困った人」になってしまいます。

この三つの特徴を略記しておきます。

・「自己愛型」：利己主義、自己保身、支配欲への執着心が強い

・「鈍感型」：自己保身への思いが強く、無責任、人の心や情報への感性が鈍い

・「独善型」：独りよがりで無責任であるため、組織の目的、指針と適合しない

これらの「困った人」のパターンは、いずれも環境変化に対応した自己変容への動機付けが欠如していて、組織のイノベーション志向への阻害勢力になっていきます。

この二つの視点での「困った人」のそれぞれ三つのパターンと、先の七つの原則との関連性をみたとき、結構対応して結びつき、各原則の理解を深めてくれるように思います。それぞれの要素を単独で見るだけではなく、複合的な視点で物事の本質を捉え、現状の理解に活用してもらいたいと思います。

2　シニアミドルに期待される役割への無理解

（1）リーダーシップとマネジメントの違いを理解できていない

組織のリーダーになって重要課題に挑戦しようとするとき、自分に期待される主要な役割と自分の性格、能力とを見極めるところから始める必要があります。組織を預かる者にはどのような局面においても、リーダーシップとマネジメントの両方の能力が求められます。しかし両者は本来異なる資質に基づくものです。ジョン・P・コッター著『第2版リーダーシップ論―人と組織を動かす能力』に述べられている両者の定義を転記します。

「リーダーシップ」とは、「ビジョンと戦略を策定すること、戦略にふさわしい人員を結集すること、障害を克服しビジョンを実現するために、社員にエンパワーメントすることである」と。一方「マネジメント」とは、「計画と予算の策定、組織編成、人員配置、統制、問題解決を通じて、既存のシステムを動かし続けることである」と。

リーダーはどのような局面でも、ある適正なバランスで両者の役割を担う必要があります。組織の置かれた状況によって、中堅リーダーの立ち位置は変わります。変化対応型組織では当然リーダーシップ型のリーダーが求められ、現状堅守型組織では、マネジメント型のリーダーが求められます。しかし残念ながら優秀なリーダーといわれる人でも、状況変化に対応して、一人で両者の役割を高度なレベルで、器用にバランスを変えて適応することはできません。どうしても個々人の資質によってどちらかの方向に偏ります。

人事配置上資質的にミスマッチのポジションに昇進した場合、その職位では自分の得意技を使った組織運営は困難です。役割期待に応えられずに、早々に無能化していきます。また資質的に適合したポジションに昇進したとしても、その後組織環境が変化すれば、補佐、補助、補完してくれる支援者の助けを得ない限り、やはり無能化を早めてしまいます。

（2）オーバーマネジメントまたはマイクロマネジメントに偏る

オーバーマネジメント（過剰な管理スタイル）も、リーダーが事業関連知識を持ち、現場情報に接する意識を保持している状況であれば、とりあえず問題はありません。むしろ的確に判断し迅速に決断するリーダーシップが期待されます。しかし環境の変化や事業のライフサイクルが進むと、現場からの情報も多岐にわたり、リーダー個人の受容力を越えてしまいます。そのような状況下でリーダー自身にとって、把握できていない事柄、理解できない事柄に対しても恣意的指示を出し、権限移譲はできず干渉をくり返す、これがオーバーマネジメントの弊害です。特に成功体験を重ねてきたリーダーは、このオーバーマネジメントに陥りやすくなります。

マイクロマネジメント（細やかすぎる管理スタイル）は、必要以上に細かな事柄にまで指示を出し、時には朝令暮改的に指示の修正をくり返します。また細かいことが気になって、メンバーに何度もやり直し作業を求め、仕事はなかなか仕上がらず、次々と仕事は重なっていき組織は多忙感に苦しみます。創造性を育む心の余裕を自ら潰していきます。主にリーダーの性格が影響して、物事への思い込み、こだわり、心配性といったことが強すぎて、結果として上司やメンバーとの意識の乖離、感情的な離反が生じ、信頼を失っていきます。リーダーがマイクロマネジメントに傾斜する要因を考えると、次のような三点があるのではないでしょうか。

・リーダーとして問題と対策の全てを把握していないと不安で我慢できない。

・部下に弱みは見せられない。部下からの補助、補完のありがたさに気付かない。権力指向、支配欲が強い。

・業務量の増大、質の多様化が能力を超えていても、相談できる人がいない、相棒も作れない。独善的になる。

（3）「過剰適応」してしまう

元気のいい中堅リーダーで、「やると言ったら必ずやると、やりはじめればゴールに向かってしゃにむに突っ込んでいく」タイプにしばしば出会います。この傾向は理系出身者に多いように思います。実施力、突破力の観点から、この志向は否定されることではありません。特に個人プレーの場合は組織上でも問題になることはありません。しかしそれが組織のリーダーの立場で表面化すると、組織運営上の問題が生じてきます。結果的にメンバーに「過剰適応」を強いて、その日その日の顧客や上司等からの注文や苦情、指示に対する処理に忙殺される状況を生み出します。最悪の場合は「燃え尽き症候群（バーンアウト症候群）」症状を招いてしまいます。

「過剰適応」は、一般的には「ある環境に合うように、自身の行動や考え方を変える程度が度を超えている状態」を指します。ここでは「自分の都合よりも周りを過剰に優先させ、能力、体力の限界を越えて対応している」状況です。「燃え尽き症候群」は、「高い意欲を持って活動していた人が、何らかの原因によってある日突然、それまでのやる気を失い、燃え尽きたように無気力になる状態」を指します。

組織能力の許容量を超えてマネジメントは破綻し、リーダー自身も悩み多く、迷走、疲弊して無能レベルへと進んでいきます。

（4）組織に居心地のよさを求めてしまう

「ピーターの法則」が示唆しているように、「すべての人は、その人なりの無能レベルに行きつくまで昇進し、その後はそこに留まり続ける」ことを考えます。そこで「ピーターの必然」は次のような帰結を予測します。「やがて、あらゆるポストは、職責を果たせない無能な人間によって占められる」と。

確かに無能化したリーダーが、自分の地位を脅かす恐れのないメンバーや、将来への変革思考より今の居心地のよさ優先で共感し合うメンバーを集め、組織を無能化しているケースを見ることがあります。よき指導者といわれているリーダーでも、よく見ると現状における組織内部の人にとってのよき指導者ということがあります。この「よき」の意味するところを間違えると大変な誤りを犯すことになります。「よき」を単なる居心地の「よき」組織と理解すると、上司・メンバーとの責任回避のなれ合いが起こり、危機感を遠ざけます。また部門リーダーへの忖度の世界で横並び的・日和見的思考が蔓延すると、ミドルの自立心は育ちません。結果として、無能が無能をつくり出し、「ピーターの必然」に支配されることになってしまいます。よき指導者は、よき事業の全体を思考する者であり、よき改革者であることです。

（5）全体最適思考が欠如している

中堅リーダーは社内論理と市場での現実との矛盾にしばしば遭遇して、そのはざまで苦悩しています。例えば、市場情報を無視するような社内論理が経営中枢から強く発せられた場合、あるいは部門リーダーの恣意的思考を忖度する空気が支配した場合など、往々にして中堅リーダーの頭の中に、本能的にその場しのぎの生き残り思考が浮かんでくることがあります。そのとき全体最適、利他心、win–winなどは今の自分には関係ない、ごまかしでも嘘でもいいじゃないか、生き抜くにはこれしかないと。この赤裸々な利己心でしか生き残れないのだという本能的な欲求です。中堅リーダーがこの視野を狭くした強い欲求の誘惑に引き込まれ、それも人間としての一つのありようなのだから「仕方ない」と自己弁護してしまうと、その安易な思考が組織に拡がりモラルは一気に低下します。創造的な組織力は期待できず、有能さを発揮している良識あるメンバーは離反していきます。自己組織の部分最適にこだわってしまった無能組織は、いずれは業績を落としリーダー層は人事異動の対象になって去っていきます。

3　階層社会でのアイデンティティの喪失

（1）昇進限界を自覚したとき

中堅リーダーの多くは40歳代後半になると、自分の昇進の限界を感じはじめます。入社以来懸命に努力を重ね有能さが認められ、中堅リーダーまで昇進してきても立ち止まる選択肢はありません。階層社会の中でさらなる昇進願望は当然の価値観として定着しています。しかし40歳代も後半に入ってくると、昇級、昇格や人事異動、人事評価等で失望感を抱かされることが起こりはじめ、第一段階の挫折を経験します。

次は50歳代に入ってからです。企業によっては役職定年制があります。明確な制度がなくても、階層社会における組織リーダー職を解かれるケースが多く見られます。昇進してきたリーダーポストを離れるということは、これまでのように課題解決の種々の方策をメンバーに分担させ、自分はリーダーとしてメンバーの活動結果を取りまとめる、ということではありません。自分自身が前線にも立ち行動し、自身で結果を出し、それを状況に応じて取りまとめも行うというように、仕事のありようは劇的に変化します。小さなチームのリーダーであっても、仕事を仲間と分担し合って実質的にほとんど個人プレーです。これまで組織リーダーとして細やかな実務から離れていた分、専門力に課題が出てきます。個人ワークでの孤独感と組織リーダーだったことの自負心とのギャップに悩み、第二の挫折を経験します。これまで一定の組織貢献をしてきただけに、昇進という自分にとっての価値観とは大きく異なる状況に、プライドが許さないといった感情が湧き出ても不思議ではありません。環境変化を受け入れ自己変容を果たせば、新しい世界が開けてくると考えられますが、ほとんどは「現状維持バイアス」に取り込まれています。「現状維持バイアス」とは「現状は正しいと思いこもうとする心理で、日常でも仕事でも、人が何かを判断する状況に直面したとき、リスクを覚悟のうえで変化を求めるケースは極めて少ない。多くの場合は危険を避けて、現状維持を選択する」という心理効果です。自己変革への危機感がなければ、確実に無能化へと進行していきます。

無能化とともに、自分をごまかすように、周囲からの視線を先取りして言い訳をするかのように、「自分はダメだ」と自分を矮小化して見せることがあります。周囲からの同情や励ましをもらいたいという甘えの思いがあります。しかしそれは「自己成就予言」の原則に従うように、現実に自分を小さな存在にしてしまいます。自己成就予言とは、「自分でこうなるのではないか、あるいはこうありたいと思って行動していると、自分も周囲もその気になって、実際にその予言が現実のものとして成就してしまう現象」を意味します。「こうありたい」と強く思う「自己成就予言」であれば、自己の上昇過程で自らを高めていくことができますが、この場合のように「心配の方向」への「自己成就予言」は下降過程でしばしば見かける現象です。階層社会で目標を失い、挫折感で取り残されていく自分の将来をただ悲観していると、周囲からの支援もなく、期待とは異なるよくない現実が生じてしまいます。ここでの懸念は「自己成就予言」のネガティブな方向にはまった場合です。

（2）新しい環境でリセットできない

入社以来有能さを発揮して成果を上げ、組織貢献を果たしてきた、この成功体験意識を40歳代後半以後も持ち続けて、環境変化への対応が硬直的になることがあります。激動時代に対処する場合は、対策に多くの選択肢を持ち試行錯誤しながら効果的な解決策を求めていくことになります。しかし先に示した「サクセストラップ」に捕捉されていると、どうしても成功したときの戦略、戦術手法にこだわってしまいます。しかし3年、5年、10年と時代を経ると技術革新もあり、市場のニーズ、欲求、需要も変化しています。40歳代半ばのどこかの時点で、自分のこれまでの蓄積を「一旦棚上げ」して、今何が必要か、新たに何を学ぶべきかを考えます。人事異動で新たな職種に就く場合は明解です。否応なくビジネス人生をここで「リセット」するしかありません。移動がなくても、現在の役割をこれまでと異なる視点で、特に社外からの視点で広く見直し、「リセット」内容を書き出してみます。40歳半ばは「リセット」の第一回目のタイミングです。

50歳代になると、会社内での立ち位置に変化が出てきます。多くは組織のリーダーとしての職位を離れ、個人のコンピタンスで活動する立場に転進していきます。経営が彼らシニアミドルをどのように活用していくかは人事上の大きな課題です。個人の問題を越えて経営姿勢、企業文化との関りはとても重要です。とはいえ他力本願でのんきに過ごすことはできません。彼らの一人ひとりにとって、自らの生き方を決めるのは自分自身の自覚の外にはありません。新たな職務への転進の機会をとらえて、40歳代とは違う新たな自分に「リセット」します。50歳代前半は「リセット」の第二回目のタイミングです。そこで新たな学びと試行を決意し、50歳代、60歳代を生き抜く覚悟を決めます。改めて自分を鍛える場を持ち、自分らしさを加味したコンピタンスを育んでいきます。

「リセット」ができなくて、いつまでも30歳代、40歳代の経験知にすがった生き方しかできないシニアミドルは、無能化していくしかありません。

（3）権力者への忖度で自分らしさを失っていく

昇進を重ねると期待度も高まっていきます。高い役職に昇るほど能力的恐怖と責任拡大の重圧を伴います。この能力的恐怖と責任の重圧は本来リーダー個人だけで背負うものではなく、リーダーは自身のリーダーシップに基づいて、メンバーとスクラムを組んで組織能力を高め、責任の重圧に立ち向かっていくものです。最終的責任は勿論リーダーにあり、他者や組織に転嫁すべきことではありません。しかし組織力を軽視して早々と自己の責任を掲げ、一人よがりに勇気ある者のように力んでいる場合もありますが、ビジネス上意義あることではありません。往々にしてリーダーが昇進したばかりの時や、環境が急変したときなどで見られる問題は、「リーダーは孤独だ」と早合点して、リーダー個人が能力不備のまま組織力の強化もできず、ただ職責の重圧に向き合おうとすることです。結果は明らかで、たちまち無能力の現実を突きつけられます。

中堅リーダーとして自立できていない状況、あいまいさ、弱さが表面化してしまうと、上司、メンバーからの信頼は得られません。どうすればよいのか分からない状況が生まれ、ただ上司の指示、現場からの要請に従うだけになってしまいます。上司が共創型リーダー、あるいはファシリテーション型リーダーであれば、率直に自分の状況を告白して、今後のあり方を話し合えば対策は出てくるでしょう。しかし無能・無責任上司だと、真摯な態度で相談に応じてくれることはなく放置されます。自分で考えていくしかありません。逆に上司が独裁型カリスマリーダーの場合は、率直に実情を申し出ても丁寧なアドバイスをもらうことは期待できません。どうしても上司ペースで無理難題を突き付けられる、と思って敬遠します。また自分の弱点をさらけ出すことが、今後の評価、昇進にマイナスイメージを与えることになると考えて、話しかけることをためらってしまいます。

では、技術的・精神的に自立できていない状態の中堅リーダーは、ワンマン独裁型リーダーの強引なリーダーシップにどう対処することになるのでしょうか。中堅リーダーというポジションに発生する能力的恐怖と責任の重圧を回避するために、多くは権力者への追従を選択します。権力者の事業構想を実現するために、あるいは権力者の地位やブランドを高めるために、権力者の深層心理までも推し量って、忖度することが常態化していきます。そしていつの間にか自分の心の中に権力者の規範が入り込んでしまいます。誰に命じられたわけでもないのでやらされ感はありません。自発的な行為だと思い込んで勝手に動いて、一所懸命になってしまいます。

しかし、忖度は自発的隷属を意味します。権力者の指示・命令に従うだけではなく、権力者が望むことを、潜在的な意向も含めて考えることになります。権力者に対する自発的隷属こそが、自己防御の隠れ蓑になり、同時にさらなる昇進への近道と考えます。自立していない中堅リーダーにとって、この状態は居心地がよく、よい選択だったと信じて疑わないところがあります。こうして強力なワンマンリーダーの周りに隷属根性が染みついた側近たちが集まり、固めていきます。

このような支配と隷属の閉ざされた組織は、異質な知識や創造的な発想を抑圧していきます。権力者への隷属を選択した中堅リーダーは、同じ環境が続けば居心地よく過ごせても、大きな環境変化があって権力者の知識経験では対応できなくなって混迷したとき、あるいは権力者が去る事態になったとき、追従、忖度で地位を確保してきた中堅リーダーにも、新たな「転換」が求められます。しかしこれまでの強力リーダーを乗り越える思考・発想の刷新は不可能です。日頃考えていないことを突然思いつくことはありません。このように服従と忖度で過ごしてきた中堅リーダーはいずれ無能レベルを露呈します。

勿論、上司や顧客、メンバーの感覚、考えや感情を推し量り、理解しようとする忖度の姿勢はとても大切です。ただし重要なことは、推察した他の考え・感情と自分の考え・感情とを交流させることです。そこで両者に矛盾があり対立したとき、正・反の思考回路を巡らせアウフヘーベンを見出し、統合の解にたどり着く、あるいは両立の策を練ることによって解決策を見出すことを考えます。この思考回路の意義を頭のすみにでも置いておくと、忖度の空気が支配する中でも自分らしさを保つことができると考えます。

（4）精神の堕落、そして「ピーターの必然」へ

アイデンティティの喪失はどうしても現実からの乖離を伴います。仕事に集中できていない、投げやりで無責任な状況が、周囲からの信頼を遠ざけ孤立していきます。アイデンティティの喪失は、中堅リーダーへの期待に反する精神の堕落を誘発します。多くの場合、革新的進化の抵抗勢力として機能します。よくある例でいうと、「偽善」的に理想論や建前論を声高に主張して、現実論で言い難いところ、将来予測が困難なところを、わざと強調してさらけ出します。自組織の「露悪」によって、組織の主流をなす方策を批難し、組

織内の分裂を助長しようとします。こうして彼らは穏やかで勤勉な人たち、素朴・実直な人たち、有能さを発揮している若い人たちを混乱させ、彼らの特性を損なわせることになります。

また、強固な昇進願望で、昇進への未練が残っている人が、アイデンティティの喪失を来したとき、自分を大きく見せようとします。現実として、ひとまずこれから先の昇進はあきらめているので、失うものはないと手段を選ばない策に出ることがあります。事実、現実を曲げてでも嘘を語り、ハッタリを利かします。妄想的アイディアで周囲からの注目を浴びようとします。余程昇進願望が強ければ、人をだます、社会をだますといった非倫理的行為も、今の難関突破にはやむを得ないと考えます。将来の自分や組織のブランドや信頼関係の大切さは考えません。やがて企業ブランド軽視が常習化して組織、企業の倫理観、道義が失われる原因をつくります。

いずれの場合も、アイデンティティを喪失した中堅リーダーは、自己保全、現有ポストへの執着を強固に構え、「ピーターの必然」が予測した「やがて、あらゆるポストは、職責を果たせない無能な人間によって占められる」ところに帰結します。

4　シニアミドルが無能化する共通的な原因

無能に陥る一般的原因を人間の本性を含む広い視野で見てきました。次に視野を狭めてビジネス現場の熟年中堅リーダー（シニアミドル）に焦点を当てたとき、職場でどのような現象がみられているのでしょうか。またシニアミドル自身にどのような気付きがあるのでしょうか。そこでシニアミドル全般に共通すると考えられる無能化の原因を探ってみました。次の四点に集約できると考えます。

（1）自己防衛・不安回避反応が本能的に働く

日常活動は試行錯誤の連続で、ほとんどは予測が外れ期待通りにはいかないものです。その度に自分の将来はどうなるのだろうと不安がよぎります。本能的に自己防衛の鎧をつけ、次のような不安回避の言動が表出化します。

◆責任転嫁や責任逃れの言い訳を探す。また降りかかる責任を回避するために上司、部下、外部へ、課題の丸投げを試みる。

◆課題解決の本質を突き止めようとすると、自己変革が求められることになり、その恐怖から、発散思考で広く情報を集めることや、深く考えることを停止する。

◆所属組織の存続自体を目的化する。組織内の多様化を許容できなくなり、組織内の一体化を重視する人事、居心地のよさを最優先する組織運営に傾く。いわゆる「組織共同化」を志向する。この安住の壁の中にいて将来の不安要素をとりあえず見ないようにすれば、不安は回避できる。この状態を続ける努力が始まる。

この一体化した組織は、目の前の具体的な課題解決に現有のスキルで戦える場合は俊敏な突破力を発揮する。しかしその成功の環境がいつまでも続くことはあり得ない。技術革新、経営革新の時代の最中にあって、我々は今まさに「無常」の世界を実感している。強固と思っていた厚い壁も時代の波に押しつぶされていく。組織の一体化・共同化を強調すればするほど、組織崩壊の現実に抗うように情報の隠蔽や虚偽報告が発生し、不祥事の温床になっていく。

部分最適思考で固めた壁の中に閉じこもっていると、大きな目的の達成に向けた全体最適思考に気付かない。

◆変化への適合を拒む心理が働く。変化への対応、適応に無意識に抵抗してしまう。この心理の源は何なのだろうか。現状でリスペクトされているプライドや、築き上げてきた安心、安全を失いたくないといった、「サンクコスト効果」に基づいた現状の自己を防御したい、という人間の本性が作用していると考えられる。

（2）情報の共有ができていない

部下からの「報・連・相」や上司からの「指示・説明」を待っていても、自分にとってタイムリーに向こうからやってくることは期待できません。知りたいこと気になることは、自らが情報を持っている人のところに出かければよいことなのです。しかしなぜかその行動がなかなかできません。情報を共有できない原因として次のようなことが考えられます。

◆現実に表面化している課題、さらに潜在的課題の実情を知りたいという欲求に乏しい、こだわりが弱い。

◆情報のフィードバックに拒絶的態度をとることがあって、情報が入ってこない。優等生タイプで知らないことを過剰にネガティブに捉え、知らないと言えない人もいる。例えば現場報告を受けたとき、事実関係を確認する前に、自分はすでに知っていると言ってしまう。大事なことを知らない、と思われたくない気持ちが先行して聞く力を自ら弱めてしまう。

◆人間性の欠如から人間関係上孤立していて、日常的に職場でのコミュニケーションに乏しい。信頼できる仲間とのペアをつくれていない。情報を持った人や個性的・創造的発想ができる人が自然に集まってくる仕掛けや、場づくりの重要性に気付かない。またそのような場があっても、イニシアティブを取れないことや、自分の無能が暴露されることを恐れ、気後れして参加しない。

（3）課題解決の方策が環境変化に対応できていない

激しい技術革新と変化を続けるグローバル市場への適応が求められるビジネス環境において、現状維持は即無能化への第一歩を意味します。また、有能な側面が認められて昇進した後、不得手領域の役割も覆いかぶさってきたときのように、身近なところでの環境変化も自己変革がなければ急速にそれまでの輝きを失い、無能化へと進んでいきます。具体的な無能化の事例を考え分類して、無能化へ進むいくつかの原因を探って見ました。

◆成果が出なくなっても、組織も自分も何が悪いのか分からない。分析しないでただ惰性で走っている。

◆課題解決の障害になる個々の事例をピックアップできても、議論してその本質を抽象化できないので、対策につながるコンセプトへの収束が進まない。課題解決のためのコンセプトへの「収束」と、広く情報を収集し分析する「発散」をくり返す思考回路が働かない。次々と発生する多様な課題に、戦略なくただ個別対応をくり返す。

◆何事も矛盾することがある。そのとき従来からの二者択一や妥協といった思考回路しか思いつかない。近年経営戦略の基本的な考え方として、チャールズ・A・オライリーが著書『両利きの経営:「二兎を追う」戦略が未来を切り拓く』で提唱している「両利き」（相矛盾する課題、対立する課題を同時に追求する）の能力、方策が注目されている。このような新しい戦略思考への気付きができない。また従来から知られている正・反・合の思考回路もアウフヘーベンの飛躍の発想が浮かばない。従ってこれまでのしがらみや常識的判断から抜け出せない。

◆ビジネス世界の風潮に過剰適応してしまう。この場合の「過剰適応」は「周りの環境に合わせすぎてしまうこと」の意味で捉えた方が理解しやすい。時流に乗れなかった失敗経験のトラウマから、そのときの修正策にこだわってしまって、新たに訪れた変化に対応できなくなってしまう。よくある身近な例でいえば、会議時間短縮の風潮の中で、これまで会議時間が長すぎたことへの反省から、会議時間を極端に短く設定し、何がなんでもその決めた時間に終了するとか、リーダーが無駄そうだと勝手に判断して会議を開かせないとか、時間短縮のために参加者からの質問を封じることもある。会議の短時間化への過剰適応によって、状況に応じた変化を許さない運営がなされる。そしてその結果として情報の共有化が弱くなり、コミュニケーションが不足し、リーダーの拙速判断にメンバーが嘆くことになる。

脳科学的に言えば、「情報は時間をかけ脳内で熟成させた方がいい判断が出てくる」ということがある。創造的な発想を求めるには、組織全体の忍耐力も問われる。

（4）固定概念から抜け出せない

人それぞれに何らかの思考回路を持っています。次々に発生する課題に対処しようとするとき、まずは自己の内面に定着している思考回路に基づいて対策を考えます。変化の乏しい状況では、これが的確かつ俊敏な判断につながる場合もあります。しかし激しい変化にさらされれば、従来からの思考回路だけでは固定概念に捉われた形になり、誤った方向に進むリスクは拡大します。ただ状況によっては何らかの気付きがあって、固定概念の縛りから抜け出そうと試みる場合もあります。しかし自由な発想の世界で自立的に活動しようとしたとき、そこでの過酷な競争や、個人に期待される強烈なコンピタンス、自己責任の重大さの現実を垣間見てしまうことがあります。そこで外の世界の恐怖を知り、居心地のよい固定概念の殻の中に戻ってしまうケースも見られます。

ここまでシニアミドル層全体に共通すると考えられる、「ピーターの法則」に陥る原因を考えてきました。しかし一口にシニアミドルといっても、人生経験、ビジネス経験を重ねてきたシニアミドルは、個々の能力、技能、経験、職位、思考習慣にバラツキが大きく、

「シニアミドル」として一括りにすることは不可能です。そこで二つのグループに分けて、それぞれに特有の無能化への原因を探っていきたいと考えます。

第二章では、「チーム・グループのリーダー層」を対象にしています。彼らのイメージは、部門内の直接部署、間接部署を問わず、ほとんどの場合何らかの形で、常に直接的に現場に接している各種チームリーダー、課長、一部のグループリーダーたちです。第三章では、「部門中核リーダー層」を対象にしています。彼らのイメージは、部門運営に重要な役割で関わる、主にグループリーダー、部長クラスで、部門の中核を担うリーダーたちです。

第二章　チーム・グループのリーダー層特有の無能に陥る原因

有能さを発揮して組織貢献を重ね、評価されて職位を上げ、各部門の前線で組織目標達成への推進力を担う中堅リーダーにまで昇進しました。しかしシニアミドルといわれる熟年中堅リーダーはそれぞれに異なる状況にあっても、いずれにしろどこかの最終職位で有能さに陰りが見えはじめ、「ピーターの法則」でいう無能レベルに陥っていきます。第二章での対象はシニアミドルの大多数を占めるチームリーダー、グループリーダー層のイメージです。そこには多くの課長や一部の部長も含まれます。このチーム・グループのリーダー層に焦点を当て、彼らが無能化していく原因を探っていきたいと思います。無能化への多様な要因を書き出し、それを分類していくと次に示す三つの要因に収束しました。

1　ミドル・アップダウン・マネジメントが機能していない

ミドルに求められる機能は、野中郁次郎・竹内弘高が著書『知識創造企業』の中で提唱している「ミドル・アップダウン・マネジメント」に的確に表現されています。ミドルは経営トップから事業のビジョン、使命、目的等を受け取り、一方で現場最前線のメンバーから上がってくる現場情報も把握します。当然市場の現実を伝える一次情報とそれを解析した二次情報を持つことになります。そしてトップダウンとボトムアップとの矛盾するところを明確にした上で、矛盾を解消する課題解決策を探ります。トライアンドエラーをくり返しながら、解決への効果的なコンセプトを求めて、時間の許す範囲で、納得できるまで知識の収束と発散をくり返していきます。トップも現場も共鳴できる課題解決のコンセプトがまとまれば、目標と戦略を定め、ＰＤＣＡサイクルを回し、ゴールに向けてスパイラルアップを志向し推進力を発揮します。

ミドルはこの知識創造サイクルの中心的役割を担っています。しかし何らかの原因で機能不全に陥れば、直ちに中堅リーダーとして無能化したことを意味します。次にベテランの域に達しているシニアミドルが、どのような原因でミドルとして期待される役割に対して機能不全に陥り、無能化していくのか、その要因を考えたいと思います。

（1）情報交流の中核としての自覚と自立性に乏しい

中堅リーダーの役割は、経営トップからの事業の目的、目標を自組織にとって分かりやすく、かつ直ちに行動に移せる文言に具体化しながら、組織の中で協議を重ね、組織目標をメンバーとの共感、共鳴、納得のプロセスを経てつくり込みます。同時に現場最前線から上がってくる、市場情報、業界情報、メンバーの種々のアイディア、提案を事業戦略と結びつけながら解析し、経営的判断につながるコンセプトにまで収束と発散を重ね、トップへの提案へと進めていきます。

この情報、知識のトップダウンとボトムアップの中核に位置して、交流を効果的にコントロールするために、自分なりの思考回路を持つことが大切です。それが自覚と自立の証になります。自分のポジションに期待される「フレーミング（枠付けをすることで、物事の見方を特定の方向に誘導する）」の効果を生み出すことになります。

トップから指示されたことをそのままメンバーに伝え、逆に現場の生情報をただトップに伝えるだけのメッセンジャーでは無能レベルと評価されます。最悪な状況は、ミドルが情報のアップダウンの意義について理解できていないために、ミドルのところで情報が止まってしまうことです。上流から、下流から情報が最も多く流れ込んでくるところで、それを抱え込んでは信頼を失ってしまいます。

（２）情報ネットワークのハブ機能の構想を持てない

情報ネットワークのイメージを確認しておきたいと思います。先に述べたトップダウンの情報とボトムアップの情報との縦の情報ネットワークの外に、横のネットワークもあります。部門内の他の部署の情報や社内の他部門の情報と交流するネットワーク、さらには業界や学会、行政の情報を広く収集するネットワークも横のネットワークとして有用です。また、人や書物との出会いで生まれる過去、現在、未来の関連性、架空世界で交流する情報のネットワークも大切です。

時代の流れの中で変化する事業環境、組織環境に対応して、ネットワークを通じて多様な情報を受け取り、情報を的確に発信していく。ミドルは情報のハブ機能を担っています。ミドルとして、この情報ネットワークの重要な意義を理解していない場合、無能化の大きな原因になっていきます。

（3）コミュニケーションへの責任感が乏しい

コミュニケーションをうまくやる方法はたくさんの書籍が出版されているのでそちらに譲るとして、拙著『「超二流」への進化で仕事が変わる　組織が変わる』に示した「コミュニケーションの多様なあり方」も参考にしてもらいたいと思います。

情報の流れの中でハブ機能を課せられたミドルは、多様な人たちとのコミュニケーションが求められます。的確なコミュニケーションを考えると、話し合う相手の多様さに頭を悩ますことになります。リーダーとして大切なことは、セグメントマーケティングと同じで、多様な相手を分画して、それぞれの分画の人たちに合ったコミュニケーションを考えます。ここでは上司との関係、メンバーとの関係を取り上げ、日常的な縦のコミュニケーションを考えることにします。横のコミュニケーションについてはそれぞれの状況に応じて考えてください。

コミュニケーションの根本的課題は、互いが率直に語り合えることです。率直な会話を許さない上司や、課題の本質的なところを話し合おうとすると、逃げてしまうメンバーがいます。これではじめからコミュニケーションは成立しません。それでも中堅リーダーとしては、組織の中での密なコミュニケーションを図らなければならない責務があります。

どのようなことを心がければよいのでしょうか。それはコミュニケーションに対する責任感だと思います。単に伝えた、話し合っただけでは互いの共感、納得まで到達することはほとんど不可能です。誰も、聞いた後、話し合った後でいろいろなことが頭に浮かび、もっと尋ねたかった、十分思いが伝えられなかった、本当はもっと違ったことが言いたかった、何か違和感があったけどそのときは言葉で表現できなかったなど、後から思いがこみ上げてくることはよく経験することです。バラバラの情報を持った脳神経細胞がある問題に対応して、関連する神経細胞が集まってきて、そこではじめて何らかの知識にまとまり、そのあと表出化されるといわれています。この脳内の反応を考えると、いきなりの伝達や一回きりの話し合いでは、脳の中にバラバラに蓄えられている暗黙知を一瞬にして共同化し瞬時に引き出すことは限界があり難しいということです。従って責任を持ったコミュニケーションを図ろうとするとき、時間を適度に開けて何回か話し合うことになります。調査や学びの時間を与え、自分自身もゆっくり考える時間が必要です。

コミュニケーションのやり方を工夫した上で何度かの確認作業が必要です。コミュニケーションによって同意したことが仕事の中で生きているかどうか、そしてその結果はどうなっているかということです。コミュニケーションに責任を持つということは、一連のコミュニケーションをPDCAサイクルで経過を追って見ていくことです。P（コミュニケーションで同意し意図したこと）、D（意図に沿って実践したこと）、C（結果の検証）、A（コミュニケーションのあり方、意図の修正）まで確認することです。そしてこのサイクルを描きながら高いレベルのコミュニケーションへと進める、スパイラルアップへの方策を意識することです。

即断即決を目的化したような、せっかちで拙速判断・拙速決断主義のリーダー、またしっかりとした話し合いができない独善的リーダーは、組織をダメにするだけでなく、早晩手痛い失敗で転びます。

（４）ミドルの人間性に問題がある

組織内の情報交流に問題が生じている場合、ミドルの先に述べたコミュニケーションへの責任感とともに、ミドルの人間性も関係してきます。人への関心に乏しく、人の思考・感情に鈍感な場合です。当然孤立していきます。情報を持った人たちは集まってきません。情報伝達にも、会話でも言葉は短くなってしまいます。これでは事業活動最前線の現場に立つメンバーの生々しい活動を実感できないだけでなく、想像もできないでしょう。ミドルに求められる「ミドル・アップダウン・マネジメント」はとても期待できません。

2　自律できていない

（１）性格的に争いを避けたい

◆議論すると互いの人格まで否定し合う気がして、率直な話し合いを避けてしまう。個人プレーが期待される役職であれば、個性を発揮できるが、チームプレーではメンバーや他部署、他部門との情報の共有、知識の探索・深化ができない。従って的確でタイムリーな判断、決断ができない。小チームでも期待されるリーダーシップを発揮できない。

◆内向型の性格であっても、その長所を活かせば個性的な有能レベルを保持できる。しかし長所を活かせず短所ばかりが表面化してしまうケースがある。組織内でも顧客対応でも葛藤を避けるために課題が残ってしまう。仕事が重なり合って多忙さに埋もれていく。

◆基本的に理念や使命感に乏しいために、その時々の状況に振り回される。自分らしい主張はなく、目立ちたくない、中庸をよしとする、嫌われたくない、好感を持ってもらいたい、といった意識が強い。結果として考えていることの視点が不鮮明で、客観的な価値観に基づく思考ができない。チームメンバーからはリーダーの考えが理解できないため、個々に分散していく。

◆上司の考えとの差異を気にして自分の考え、判断を語れない。一方通行で上司の指示を受け入れ、また逆にメンバーからの提言はそのまま上司に伝える。判断、決断を常に上司にゆだね、自分らしい提言はない。この判断、決断の回避癖や説明力、説得力の欠如は、重要な局面に遭遇したとき表面化して、たちまち低い評価へと転落する。

◆周囲へ細やかな神経を使うことができても、批難されることを恐れて何事にも慎重すぎて、行動が遅れる。

（2）自分の殻に閉じこもり変化を求めない

◆上司の指示通りに仕事は決まった手順でこなし、満足感がある。仕事のレベル向上に関する意欲はない。結構多忙なためか組織への貢献感は持っている。しかし急激な技術革新の時代にあって、人が関わる定型的な仕事は減少してきている。変化するコンピタンスに適応しないと生き残れない。

◆仕事に熟練していて自分なりに専門力に自信がある。自我意識が高く、他へは無関心、思いやりのおせっかいもない。環境の変化に鈍感なため自ら危機感を醸成することはない。変化を無視、軽視する弁舌を振るう。

◆困難に遭遇したとき挑戦性に乏しく、しがらみにこだわって、「仕方ない」と早々にあきらめてしまう。

◆専門力があっても人間力が弱い、また人がよくても専門力、好奇心が弱いといった場合、現状ではうまくいっていてもいずれ役割期待が高まると対応できなくなる。

（3）無気力症候群に陥る

◆高度競争社会は多くの敗者をつくる。失敗経験を重ねると、それがトラウマになって勝手に自分をおとしめてしまう。あるいは組織能力に絶望して挑戦的気力を失う。

◆40歳代半ばを過ぎるころには、自分が昇進できる限界が見えてくる。理想が高く真面目な人ほど昇進競争での敗北感は強い。その原因を上司や仲間にかぶせ、心のバランスを保つ。自己弁護するように「どうせダメなんだよ！」と無気力になって見せる。その内「自己成就予言」通りに、無気力な状態が身についてしまう。

◆自分の意見を勇気を出して発言しても、上司や周辺からダメダメと言われ続けると、「学習性無力感（抵抗も回避もできないストレスに長期間さらされると、そこから逃れようとする努力、行動をしなくなる）」に陥り、何を言っても必ず否定されると思ってその状況を受け入れ、意見を出さなくなる、出せなくなる。

◆仕事に対する「甘え」があり、失敗した場合でも重大に感じることなくやり過ごしてしまう。意識してＰＤＣＡサイクルを回せない。Ｃ（結果の検証）をあいまいにするために、的確なＡ（計画の修正）はできず、失敗をくり返す。失敗を重ねるうちに自律的な姿勢が影を潜め、指示待ち意識、依存心を強めていく。自立心に乏しければ、環境変化に適合する「適者生存」への気付き、気力は期待できない。

（４）恐怖感、不安感が盲従心、また逆に反抗心を助長する

ワンマン独裁型リーダーの抑圧的な組織や、率直な意見が言えない守旧的、閉鎖的な組織などで、各自孤立し知識の交流ができない空気の職場においては、各自本能的に自己防衛の思いで身構えてしまいます。業務実践の場でも上司や先輩の発言や指示、叱責に、身を固くして成り行きを見守ります。そこには自己防御の壁を突破される恐怖、不安が満ちていて、自分らしい思考、行動ができなくなり委縮して立ちすくんでしまいます。

一般に不安は人の思考力や決断力、問題解決力にネガティブな方向で影響を与えるといわれています。上司や顧客からの叱責などがくり返されると、人は「盲従型」と「反抗型」の二つのパターンに分かれます。いずれにしろ期待されるリーダーシップは果たせず、無

能レベルに陥っていきます。

◆盲従型：価値観や方策を押し付けられ、納得できないまま日々の業務に携わっている状況が続くと、上位者の指示に盲目的に従うことだけで、エネルギーを使い果たす。会議では体制に順応する。取りあえず安全な枠の中に逃げ込み、大事な判断は他に依存する。

◆反抗型：自己防衛の壁が破られると、かろうじて体面を保つ意識が優先して沈黙する。人の多くはストレスを受け続けると、現状をネガティブ思考で捉え反発し抵抗する。不平不満を陰で語り出す。感情に突き動かされた語りは、思い付き的発想で論理的説得力を欠き、人を動かすことはできない。いずれは事なかれ主義に取り込まれ大勢に流される。もはや積極的な組織貢献への有能さを求めることはできない。

3　継続的学習、転換、変容への意識の弱さ

（1）継続的学習

労働時間短縮のトレンドの中で人手不足は常態化し、ミドルはとにかく超多忙な状況に

追い込まれています。一方企業はＶＵＣＡ（ブーカ）と戦っています。ＶＵＣＡとは、Volatility（不安定性）、Uncertainly（不確実性）、Complexity（複雑さ）、Ambiguity（あいまいさ）を意味します。リーダーの多忙感は、組織を創造的な方向に導くリーダーシップ、マネジメントの弱体化に影響します。放置していれば、ＶＵＣＡに飲み込まれて方向性を失い、効果的な実践力は低下します。

ビジネス活動の中で「リスク」という言葉をよく使います。「リスクが高い」「リスクを取る」といったリスクと、ＶＵＣＡでいう「不確実性」の意味するところを把握しておきたいと思います。リスクは「予測できない危険、損害を受ける可能性」として読めた段階で、現実の状況、活動結果を認識して将来の可能性をある程度計測できる状況です。そしてリスク回避のためのリスク対策を取ることになります。分かりやすい例では、事業の世界戦略における「カントリーリスク」があります。一方不確実性は、活動結果の意味、将来への可能性や方策を分析的に考えることができない状況です。従ってネガティブな状況が襲ってくるまで現状の課題が分からない。事前に回避の準備ができないのです。不確実性への対処法は、豊かな知識でもって現状を分析して、不確実な部分を減らし、リスクとしての認知を増やすしかありません。リスクとして捉えたところは、リスク回避のための対策を立て、試行錯誤をくり返しながら不確実性の不安感を最小化していくことになります。

この現実を考えると、変化に対応するために幅広い学習を継続する、この余力を持つことの大切さが理解できると思います。リーダーの影響力は大きく、多忙感で異質な情報への感性を鈍らせていると、メンバーは特段の意識もなく追従し、組織の空気は学習軽視に傾いていきます。

（2）思考・発想の転換

「学び」の重要性に気付くことによって、多くの知識を獲得し経験知と交流させながら暗黙知を豊かにしていきます。そこに現状から飛躍する思考・発想の転換の基盤が築かれます。しかしその状況で自然発生的に課題発見、課題解決のユニークなアイディアが出てくることは経験的に難しいことです。そこに自分らしい、これまでの経験や学びから得た思考回路の助けが必要になってきます。

拙著『リーダーシップ：組織を支えるリーダーへのメソッド』の「第一章　リーダーシップの基礎知識　［Ⅰ］知識を豊かにしてくれる思考回路をもとう」の中で三つの思考回路を述べています。「Plan-Do-Check-Action（PDCA）サイクルを再認識しよう」「知識・経験・ひらめきで創造性を発揮しよう」「知識の収束と発散をくり返すプロセスが、思考を拡げ深める」です。

少し補足をしておくと、ＰＤＣＡサイクルはCheck（結果の検証）とAction（計画の修正）を意識して誠実に行わない限り、失敗をくり返します。目的に向かってレベルを高めていくために、ＰＤＣＡサイクルを回しながら、らせん階段を上っていくイメージを持つことです。このスパイラルアップの意識があってこそ、ＰＤＣＡサイクルの思考回路が活き、創造的な思考・発想を助けてくれます。

また次の「知識・経験・ひらめき」はそれぞれ「演繹的推論・帰納的推論・アブダクション（ひらめき）的推論」に対応しています。

知識の収束（コンセプトの構想）と発散（広い視野での情報収集と分析）をくり返す思考法は、思い付きの知識・概念（一次的に収束させたコンセプト）で、物事を判断し決断することの危うさの防止につながります。一次コンセプトが得られれば、そこで終わらず発散プロセスを経て次の二次コンセプトに収束させるといったように、納得できるコンセプトが浮かび上がってくるまで収束と発散をくり返します。

思考回路を活用しながら知識を豊かにし、考える余裕を持つことによって思考の転換が促され、創造的な発想のキッカケが得られると考えます。リーダーはそれぞれに自分に合った思考回路を意識的に持って、課題に直面したら思考回路に沿って現状を確認し、将来に向かって新しい方策を打ち出していきます。

リーダーにとって大切な思考回路を持たず、雑多な課題に遭遇する度に、その一つひとつにどう考えればよいのかと迷い込んでしまうのでは、とても中堅リーダーとしてリスペクトされることはありません。

（3）自己変容

「継続的学習」、現状からの「思考・発想の転換」を進めてきて、多角的分析、課題解決へのユニークな提案もできるようになったと感じていても、この「転換」がゴールではありません。まだ自分の中に「学習と転換」が定着していないからです。なぜなら人はどうしてもこれまでの安易で無責任な居心地のよい状態を続けたい、という心の偏りが強くあるからです。これが心理学でいう「現状維持バイアス」です。

また人には、これまで多大の資源を投入したプロジェクトを無駄にしたくない、そこでの損失は何としても挽回したい、思いを込めて決断したことを後悔したくないとの強い思いがあり、その結果として過去からの発想に自省することなくこだわり続け、失敗をくり返し、深みにはまっていくという習性があります。これが「サンクコスト（埋没コスト）効果」で現状からの変容を押しとどめる要因になります。

「継続的学習」と「思考・発想の転換」を確実に持続するためには、これらを自分の中に習慣として取り込み、新しい自分に変容していく必要があります。自己変容実現には自己変容に抵抗する、さきの二つの心理作用、「現状維持バイアス」と「サンクコスト効果」を克服しなければなりません。第一章で簡単に触れていますが、この二つの重要な心理効果についてもう少し考えてみましょう。

○「現状維持バイアス」

「現状維持バイアス」とは、「現状が正しいと思いこもうとする心理」で、人は誰も確かに、現状を維持しようとする偏った心理があります。現状を悪化していると感じていても、何とか持ちこたえていると、何となく結構やれるのではないかと思ってしまいます。そうなるといつまでも、狭い思考枠の中で低レベルのまま小さな失敗をくり返します。赤字事業でも他の事業収益でカバーできる範囲であれば、いつまでも変革は進まず小さな赤字を続けてしまいます。そしていつかは状況が好転して違った結果が出てくる、運が向いてくるかも知れないと期待し夢想します。しかし現実は「ハインリッヒの法則（1：29：300の法則）」に捕捉されるように、小さな赤字要因をたくさん抱えたままにしておくと、いずれ中程度に重要な赤字要因がいくつも顕在化し、それを放置していると事業破綻の危機的要因へと進行することになります。

「現状を維持したい」というのは人間の本性に関わるところなので、「現状維持バイアス」のリスクに本当の危機が来るまで気付かない、あるいは気付かないふりをし続けることになります。

「現状維持バイアス」が経営上問題になるのは多くの場合、戦略不在の中で戦術的に善戦している状況です。強敵を相手に前線で奮戦している戦士を救えるのは、リーダーの戦略的思考・発想の転換です。

○「サンクコスト（埋没コスト：埋没費用）効果」

「サンクコスト効果」は長年の努力の蓄積、リスクを冒して決断してきた多額の投資、さらには何らかの大きな犠牲を出して獲得してきた現状のモノやコトを、失いたくない強い思いを投影しています。状況が明らかに悪化していても、この埋没した費用を今後どうしても回収するのだと、まだ好転の可能性はある、従って少なくとも現状を放棄すべきではないと、強硬に主張して抜本的変革に抵抗します。また問題の根本にさかのぼる変革の必要性に気付いても、変革に伴う激痛を推し量り「損切り」ができません。むしろ追加コストをかけて現状を維持し挽回を図ろうとします。

「現状維持バイアス」も「サンクコスト効果」も人間の本性に関わるだけに、無意識でいてはこのトラップから逃れることはできません。その結果環境変化への対応が遅れ、リーダーも組織も無能化していきます。

第三章　部門中核リーダー層に特有の無能に陥る原因

第三章の対象はシニアミドルの中でも上位職リーダーに相当し、各部門の運営に重要な役割で参画する中核的存在のリーダーたちです。この部門中核リーダー層の共通の特徴は昇進を重ねる要因となった成功体験が基盤にあります。期待された職務を果たし企業業績に貢献した成功者は、自分の努力と成果を高く評価していて、他者からも高評価で認められ続けたいという強い「承認欲求（他者から認められたい、自分を価値ある存在として認めたい、という欲求）」を持っていて、以後もこれまで以上に高い評価が得られることを期待しています。しかし状況は常に変化し、評価基準も変化していきます。いつまでも高い評価とさらなる昇進の保証はありません。自ら一旦これまでの経験知や価値観をご破算にしてリセットしない限り、人間の根源的な葛藤の渦の中に巻き込まれ、不毛な時を過ごすことになります。自分の内なるところで、昇進への欲望や他者への嫉妬心との戦いが続くからです。

大きい成功を経験した者ほど、過去の栄光を守りたい、弱音は吐けない、落ち目とは思われたくない、といった感情が強く、上昇願望は続きます。時代が変わり環境の変化に気付いていたとしても、前述した「サンクコスト効果」が働いて、苦労して築いた事業や役職、組織を失いたくない思いが募ります。結局自分自身そして組織の進退に対する決断ができない、あるいはミスリードしてしまうという事態が生じます。「ピーターの法則」でいう無能レベルに陥っても、最後の職位となる部門中核リーダーポストに留まり続けようとします。

強力なリーダーシップで成功した成功者には、成功の共通的な要素があります。「強い自己愛」「強い欲望」「専門知識」「人および情報のネットワーク」「戦略・戦術力」「独善性」「決断力」といったことが考えられます。人それぞれに役割期待と性格・能力との関連性の中で、これらの要素がうまく絡み合い好循環が生まれたとき、大きな成果を生み出すといえるでしょう。

しかし部門中核リーダーに昇進し権力を得ると、成功の要素が過剰に働きだし無能化への要因に逆転することはよくあることです。自己愛・欲望が強すぎると、権力欲、支配欲、物欲などに執着します。専門知識や人脈、情報ネットワーク、戦略・戦術も過去の成功体験時の経験知にこだわりすぎると、環境変化に鈍感になり対応の遅れが生じます。独善はリーダーが得意とする領域では判断・決断の的確さと迅速さを発揮します。しかし独善的決断力が強すぎてワンマン独裁的になった場合や、リーダーにとって未知の領域に突入した場合は、重要な技術革新、市場の変革に気付かないか、あるいは目を背け、結果として的外れの独善をくり返すことになります。

一般に「サクセストラップ」と言われるように、成功の要素は同時に無能化の要素に転じるリスクがあるということです。それでも大きな成功体験を持つ成功者は、さらなる成功欲望を持って成功の要素を過剰に膨らませます。危機に直面すると、成功体験をより過剰な方向に向かわせます。「サクセストラップ」は知識の深化にはポジティブに働いても、知識の探索には抑制的な方向に働きます。どうしても成功者には「サバイバルバイアス（生き残った人だけに注目する認知の偏り）」があるために、成功の陰で支えてくれた人たち、犠牲になった人たち、幸運の重なり、不都合な事実などは目に入らず、表面的に見えている成功要因のみに注目します。その結果として局面が変わると、成功へのポジティブ要因と考えていたことがネガティブな方向へと逆転する現象が現れる、あるいは隠れていたネガティブな要素が顔を出す、幸運は去っていた、といった状況が生じビジネス活動に弊害が出てきます。

次に部門中核リーダー層に特有の無能化への要因を、「サクセストラップ」との関連性を考えながらも、別の角度から考えていきたいと思います。一人ひとり職位も性格、能力、経験も専門分野も異なる中で、彼らの無能化要因を思いつくままに書き出していくと、極めて多様なものになっていました。そこをあえて四つの要因に集約しました。「おごり、野心、嫉妬心をコントロールできない」「専制的支配欲から脱却できない」「計画的、継続的な学習意識に乏しい」「光から影へと転換する二面性から逃れられない」、この四つの無能化原因について次に考えていきたいと思います。

1　おごり、野心、嫉妬心をコントロールできない

人間の心に潜む三つの負の課題として「おごり、野心、嫉妬心」が知られています。昇進を重ねて大きな組織、重要な組織の上位職リーダーになると、権力を行使できる立場を得ます。権力が拡大すると、熱くなった頭に水をかけて冷やしてくれる人がいなくなります。内なるところに慢心が徐々に膨らんでいきます。リーダーは孤独だと思い込んで対策もなく状況に流されていると、本当に孤独になっていきます。そうなると自己愛、自己中心主義が過剰に働き、三つの負の課題が頭をもたげ抑制できなくなります。これらをコントロールできなければ、いずれ失敗の時が訪れます。上位職リーダーとして欠けてはいけない要素は感性です。外からの視点で自分を見ることができる感性で、自分を常に客観視し、俯瞰視する能力こそ、上位職リーダーの必須条件です。

人の本性としてやっかいな課題である、「おごり」「野心」「嫉妬心」について、これらが過剰に表面化するといかに無能化していくかを考えていきたいと思います。

（1）「おごり」について

「おごり」は成功体験や権力を誇り、それに頼った自己中心的な振る舞いを意味します。変革意識の強い組織文化を持っている組織、あるいは現実に危機が訪れている組織では、リーダーの心の中に「おごり」が入り込む余地はありません。しかし当面組織の外から危機感が飛び込んでくる懸念はなく、順調に推移しているとき上位職リーダーの心の中に「おごり」の思いが芽生えます。異質な意見に耳を傾け理解しようとする姿勢は失われ、他を見下し、傲慢な態度が目立ちはじめます。周囲の良識ある人たちの心は離れ遠ざかります。組織は視野の拡がりを失い弱体化していきます。

（2）「野心」について

ビジネス階層社会での「野心」とは、現状を越えて高い権力、名誉を得ようとする心のありようで、自分の客観的能力の分を過ぎた願望を意味します。野心が湧き上がってくると、自己の哲学、方法論で目標、戦略、戦術のすべてを意のままに動かそうとします。そして権力欲を高めていきます。権力にすり寄る忖度で生きる追従者だけが周囲に残ります。

こうして実力不相応な野心家は実質的に孤立し異質との交流は遮断されます。自己を客観的に振り返る機会を放棄し、そのことでますます唯我独尊を強めていきます。最初はひそやかな野心であっても、「自己成就予言」通りに徐々に野心家の道を駆け上がり、その弊害をまき散らすことになります。

野心を脅かすような組織環境の変化が忍び寄ってくると、焦りはじめますが、自己中心主義的に視野を狭めてきているために、広く探索的に学習する習慣はありません。野心成就のためには不都合なことはあいまいにし、ウソさえ言って現実の課題から離れていきます。

（3）「嫉妬心」について

人間の根源的な葛藤として欲望と嫉妬がよく取り上げられます。互いに関連し合っていて、欲望量が大きければ嫉妬心も強く起こり、欲望量が小さければ嫉妬心は弱いといえるでしょう。そして欲望量も嫉妬量も巨大な人は危険だけれども、偉大なことを成し遂げる可能性を持っている、というのが一般的理解です。ビジネスパーソンも同じように考えることができますが、上位職リーダーに昇進して権力を得たとき、この欲望と嫉妬心をいかにコントロールできるかは重要なところです。組織の中で多様な知の交流や創造的な発想をリードしていくためには、異質を受け入れる感性と寛容さが必要です。階層社会では上位者のポストを脅かす優秀な部下が出現するとか、知に優れた人との出会いがあると、嫉妬心に駆られて敵対し身構えます。嫉妬心を強めると猜疑心も誘発されてしまいます。しかしこれでは信頼関係の醸成などは不可能です。強い支配欲や一人勝ちの満足感にこだわったリーダーシップに持続性はありません。

この現実を無意識のままでいると、人間の本性に関わることなので、そのまま欲望と嫉妬心の罠に突っ込んでいきます。意識して客観的な自己分析、自己抑制に気付き、この心の課題をコントロールできなければ、自己破綻の原因になり無能化していきます。

2　専制的支配欲から脱却できない

強すぎる自己愛、自己中心主義に成功体験と権力が加わると、人間の本性に関わる負の側面が強調されてしまいます。権力を獲得すると自負心を強め、この高まる自負心が支配欲を強め、主観的戦略思考で視野を狭めていきます。また自我の感情的発露をコントロールできなくなります。最初は小さな支配欲も、成功体験と昇進によって周囲から受け入れられると、次第に支配欲を拡大させ、専制的支配欲を満たす方向を志向します。次にこの専制的支配欲が顕在化する要素を考えてみたいと思います。

（1）自負心が高揚する

強い支配欲を持つ人の特徴は、自分自身の才能に自信と誇りを加えた、自負心の強さです。自分を取り巻くビジネス環境では、自分の考えはいつも正しく、状況を越えて通用したといった確信を持っています。その状況で成功体験を重ねると自負心を高揚させ支配欲を高めていきます。

強い自負心で自分は「正義」であり「普遍」だと信じてしまうと、自分の価値観から外れるものは誤りであり、あるいは価値が低いものと断じてしまいます。権力者の価値観から異質に映るヒト、モノ、コトは排除の対象になります。しかし今まさに激しさを増している「無常」の時代です。社内外からすごい勢いで雑多な情報が飛び込んできます。権力者が専制的支配欲を満たすために、古い価値観を振りかざして情報を峻別し、異質を排除しているのでは環境変化に適応できません。職務の変化に対応できなければ無能レベルへと進むしかありません。

(2) 誤った記憶や想像を本物と信じる

自負心と権力を高めていくと、多くの人はどうしても思い上がった横柄さを身につけ、人を見下した傲慢な態度を示します。このことは事業経営上の新たな重要課題を誘発します。部門中核リーダーが誤った記憶や想像を現実のことと信じてしまい、望ましくない事実や解析を拒絶することです。人間の脳の中では、一番大事な「自分が思うこと、自分が想像すること」に一番間違いが起こりやすいともいわれています。従ってこのことは人間の本性として不可避のことですが、それ故に常に現場から事実のフィードバックを受け、多様な人たちとのコミュニケーションを図ることの意義を教えてくれています。

（3）感情をコントロールできない

上位職リーダーが部下の一人を職場で怒鳴りつけることがあります。なぜ別室できっちりと話し合うことができないのかと思いますが、現実には職場に突然怒鳴り声が響き、仕事中のメンバーを一瞬にして震え上がらせることがあります。多くの面前であることへの配慮もなく、なぜ個人への叱責に及ぶのでしょうか。一つには、何も考えていない単なる感情の爆発かも知れません。これではリーダーの資格はありません。もう一つはやっかいな成功体験がベースにある場合です。それは感情的に圧力を極限まで高めて人を動かす、いわゆるパワハラが効率的で、楽だと無意識に、経験的に思い込んでいる場合です。組織のトップがパワハラを常習化していると、次席の部下がまねをして感情的な怒鳴り声をあげ、それが下へ下へと連鎖して、パワハラは職場に蔓延します。

上位職リーダーは怒鳴りたくなったら一呼吸入れて心を静め、自分のこの感情は何に起因するのかと、内面分析をしてもらいたいと思います。日頃の信頼関係の大切さを認識し、叱ることがあっても、少なくとも利己的ではなく、利他的であることを意識できるところまで静かに考えることです。

現実の問題として、弱者の犠牲を生むパワハラはやめよう、という社会的合意にもかかわらず、いまだにパワハラ報道は絶えません。感情的に怒りを爆発させて部下を黙らせ、専制的に支配しようとする心の動きは何に原因しているのか、ここで少し詳しく考えていきたいと思います。感情的爆発の起因として次の三点を取り上げました。

○出世願望、成果主義への焦り

出世願望が強いと人事評価をとても気にする。当然短期的成果を追い求めることになる。権限領域がまだ狭い中堅リーダーまでは自分の知識、経験で期待される成果を上げることができる。失敗があっても自分の直接的責任領域でそれは自省の対象である。また組織メンバーも目の届くところにいて、日常的なコミュニケーションが取れる。しかし大きい組織を担う上位職リーダーへと昇進してくると、多様なメンバーが多様な役割を分担し活動している。多様な現場から多様な情報が持ち込まれてくる。事業戦略も、改善的発展と革新的発展の二兎を追うことになる。この両面作戦を短期的成果主義の視点のみで追いかけると、あちこちで遅れや破綻の危機が訪れる。経営マネジメントを担う上位職リーダーはどうしても部下の活動のプロセスを見ようとせず、結果至上主義になる。うまく進んでいなければ、役割分担している各担当者に責任を転嫁して八つ当たりをはじめることにもなる。

短期成果主義を部下に強要するとメンバーは明らかに動揺する。いかに努力してもメンバー個人の努力ではどうしようもないこと、例えば経営戦略の欠陥、市場状況の変化、競合他社との力関係の変化などに、自分の評価が影響を受けると考えると、希望より不安が先行して集中力を減退させる。一方プロセスを重視すると、メンバーは落ち着きを取り戻し、日々の活動に最善を尽くすことに邁進できる。不安感を取り除けば視界は拡がり、創造的な発想も、試行錯誤の行動力も出てくる。出世願望を強めてしまうと、こういった一般則への配慮に全く気付かないのだろうと思う。

出世願望を支える成果主義の前途に危うさを感じたとき、激しく「焦り」の感情がこみ上げてくる。思うように動いていない部下たち、自分の考えを全然理解していない部下たち、創造的なアイディアを全く出してこない部下たち、結果的に成果を上げていない部下たちに激しい怒りが湧き上がってくる。そこで所かまわず怒鳴ることになる。失敗した個人をつかまえて、見せしめのようにみんなの前で叱責して、緊張感をつくり出す。

しかし職場を震撼させると部下たちの心は離れていく。リーダーが孤立すれば情報の流れは滞り、ますます焦りを高め感情のコントロールを失う。人の心を恐怖というハードパワーだけでつかむことは不可能なことである。人の心に共鳴して動かすソフトパワーの大切さも認識していないと、上位職リーダーとして無能化の道をたどることになる。

○知識・能力不足のカムフラージュ

部門中核リーダーに昇進すると業務対象は拡がる。長年従事してきた職務でも激しい変化に適応することの難しさがある中で、昇格による担当領域の拡大、人事異動による新しい役職では、白紙のところからはじまる。新しい担当領域における知識・経験の乏しさから、リーダーに必要な事業展開への論理的アプローチ、そして直観的ひらめきのリーダーシップは当面期待できない。必然的に、例えば「共創型リーダーシップ」「ファシリテーション型リーダーシップ」などを取り入れて、組織力で戦うシステムを構築する必要がある。環境が変わっても例えば「ワンマン型リーダーシップ」にこだわってしまうと、組織の現実的あり方にそごをきたすことになる。

しかし支配欲の強い人ほど自己能力を過信する傾向が強く、視野を狭め自己変革への気付きはない。また偏差値優等生でエリート意識の強い人は、自分は何でも知っていて優れていると無意識であっても信じようとする。それ故に自分の「弱み」を冷静に自覚しようとしない傾向があり、結果として学習を軽視する。リーダーには、書籍等からの学び、多様な人との出会いでの学び、市場や、人・情報ネットワークからの学びを継続しながら、節目節目で知識を統合して組織を導くことが求められている。しかしこれには自らを動機づける心の働き、そして謙虚で寛容な心、全体論的思考が必要になる。自意識過剰であれば、このことに心理的に抵抗感があり、異質な領域に踏み込んでいけない。孤独なリーダーは知識不足、現状認識不足に陥り、顕在化している新たな領域での課題解決、そして将来への事業構想を的確にイメージすることができない。

学習意識に乏しい上位職リーダーは、役職に求められる知識、能力の不足が生じていても、そのことを隠そうとする。ところがそれが明るみに出そうになったとき、恐怖に駆られ知識・能力不足をカムフラージュするように怒りを爆発させ、感情的に他を抑圧しだまらせようとする。また自分の弱点に触れさせないように、予防対策として会議等の多くの人の前でのフリーな議論を拒むこともある。あるいはまた、弱点が見透かされそうな部下、正論を語る部下を議論の場に加えないことも起こる。

○立場保全の危機感

部門中核リーダーとして、役割期待に応えて成果を上げ、使命を果たすことは容易なことではない。どうしてもリーダーの個人力では対応できない。多様な部下の知識、経験、ひらめきを活かした組織運営が展開される。しかしリーダーが変化する状況を察知できなければ、そして学びの意識に乏しければ、成果に貢献している有能レベルの部下との乖離が生じる。無能を意識しはじめたリーダーは立場の危機を感じ、自分を危うくする有能な部下を些細なことで感情的に叱責して委縮させる。また多くのメンバーの前で怒鳴って見せ、有能な人材のイメージ、ブランドをおとしめることを感情的にやってしまう。

自分の立場が安泰になるように、有能な人材を排除し、自分より無能レベルの部下を集めようとする。まさに「ピーターの必然」でいう、組織は無能レベルの人の集まり、になっていく。

3　計画的、継続的な学習意識に乏しい

有能レベルを維持して部門中核リーダーに昇進してきて、ビジネスパーソンとしての一定の名誉と権力を得ました。新しく得たポジションで「ピーターの法則」に陥らず有能さを発揮するためには、慢心することなく新しい環境に適合する自分を再構築する必要があります。その第一歩は知識、技術そして変化への適応を計画的に学び続ける動機付けを、自分自身の中に見出すことです。しかし現実にはこれまでの経験に基づく固まった価値観ですべてを見ようとします。明らかな状況変化や対立する考え方を反射的に拒絶する場面をしばしば見かけます。異見でもまずは受け入れ、その後で考えるということがなぜできないのか。頑なに自己の枠を守ろうとする場面にしばしば遭遇します。「現状維持バイアス」に取り込まれた状態でよしとして、新たな学びに挑戦しようとしないのはなぜなのか。一般によく「偉い人は勉強しないからなあ！」と言われるのはなぜなのでしょうか。自らを継続的学習に動機付けられない要因を次の四つの視点で考えました。

（1）雑多な課題を抽象化できない

日々社内外から多様な情報が入ってきて、事業経営上の具体的な課題も次々に提起されます。雑多な課題の一つひとつに解決策を持とうとすると、「モグラたたき」のように際限なき戦いを強いられます。いくつかの課題の共通的本質を追究、理解して、その本質的課題を解決する策に出るのが合理的であることは言うまでもありません。関連する課題に内在する矛盾点や対立点について、専門力を持ち寄って議論し、いくつかの課題に共通する本質を明らかにするプロセスを持ち込みます。いくつかの課題の本質を一つの概念としてまとめれば、解決のための具体的な学習方向が明確になり、組織的に手分けして新たな学びがはじまります。上位職リーダーも、役割に対応した領域での、学習の動機付けが具体的な形で得られます。

課題に対して本質的な解決を図ろうとするとき、まずは雑多な情報を分類解析して、「知識の収束」を図り、その時点で本質と考えられる概念を一次コンセプトとして取り出します。次に本当にこのコンセプトが雑多な課題に対応した本質を表現しているかどうかを確かめるために、改めて調査領域を拡げ思いつくままに幅広く情報を収集します。この「知識の発散」のプロセスを経て二次コンセプトへの収束を図ります。時間的制約の中で、納得できるコンセプトに到達するまで、リーダーはこの「知識の収束と発散をくり返す」思考回路を推し進めます。この思考回路を習慣的に活用できるようになると、その過程で上位職リーダーからメンバーまでのそれぞれの学びの対象が明確になり、計画的な学習が動機付けられます。そして課題ごとの何度かの知識の収束・発散プロセスの体験から物事の抽象的把握が鍛えられ、課題の本質を概念として表出化できる力がついていきます。

課題の抽象化、その本質の概念化に無関心でいては、上位職リーダーとして、専門力を持つ多様なメンバーを効果的にリードし、俊敏に課題解決を図ることはできません。有能な人材に高度なビジネス経験を積ませることもできません。

（2）思考回路を持っていない

課題が発生したときどのように考えたらよいのか、漠然と考えていてもよい考えが浮かぶとは限りません。よい発想が浮かぶかどうかを時々の運に任せてはおけません。どのような局面でも活用できる自分なりに使い込んだ思考回路を持っていると、経験知だけでは対処できない事柄にはとても有効に働きます。少なくとも対応の手掛かりをつかむことができます。

身近な思考回路としては、くり返しになりますが、「知識の収束と発散をくり返す」と「Plan-Do-Check-Action（PDCA）サイクル」の思考回路です。ＰＤＣＡサイクルでは三つの注意点があります。一つは、Check（結果の検証）とAction（計画の修正）を十分議論して、このプロセスをあいまいにしないことです。責任問題が生じるなどとしてここをスルーすると失敗をくり返します。二つ目はＰＤＣＡの思考順序です。計画から入る演繹的なＰＤＣＡでも、やってみるところから入るＤＣＡＰでも、これまでの結果の解析から入る帰納的なＣＡＰＤのサイクルでもよいのです。三つ目はＰＤＣＡサイクルを回すという概念で終わらせず、あくまでもゴールに向かってスパイラルアップを目指し、そのプロセスを検証していくことです。

三枝匡氏は考え抜くためのフレームワークを持っていることの重要性を述べています（日経ビジネス２０２２／７／25）。それは「1―2―3枚目ロジック」と呼んでいるもので簡潔に紹介します。一枚目は課題を書き出し、広く探索して現実を直視しそれらを整理して単純化します。二枚目は、一枚目で見えてきた根っこの問題への対策（戦略、改革方針）を書きます。三枚目には、二枚目の戦略や対策の行動計画を書き込みます。この三枚の思考プロセスに従っていくと、どのような場合でも多くのメンバーを集めて議論する基盤をつくることができるということです。

自分に合った思考回路を持って、次々と発生してくる課題に対処していくことの大切さは、容易に理解できることです。しかし多くの上位職リーダーにとって、自分なりの思考回路を持って論理的に冷静に対処できないのが現実です。なぜそうなるのでしょうか。その原因は二つあるように思います。

・リーダーシップ、マネジメントに対する学習不足。

・行動優先で拙速でもよし、とするスピード決断が評価される風潮に安易に迎合して、個々の課題の状況に合わせた、即決と熟慮の使い分けができない。何事にもスピード優先の時代だから、拙速で失敗しても仕方がないと言って、真摯に反省ができない。いつも目先のことに追われていて、自分の思考プロセスを何らかの標準的思考プロセス、例えばここで考えている思考回路や経営理論、マーケティング理論など、に照らし合わせてみようとか、自分の思い付きでは何か欠陥があるかも知れないと関係者と話し合ってみるとか、そういったことを考える余裕を持つことの意義に気付かない。

（3）無責任体質が浸透している

事業部といった大きな組織で考えると、部門の上位職フォロワーともいえる中核リーダークラスが陥る無責任化には二つのケースが考えられます。一つ目は、トップリーダーにも上位職フォロワーにも専門知識、事業活動における適応知識が乏しい場合です。現場知識をもつ中堅リーダーたちに一方的に依存し、部下にコントロールされていても特段問題にならない企業文化・組織文化であれば、トップリーダーの無責任体質は変わりません。上位職フォロワーも自発的に新たな学習に取り組む動機付けに気付かないまま、もっぱら管理体制を固めていきます。

二つ目は逆に、部門のトップリーダーがカリスマタイプですべての情報を把握し、事業戦略も独善的思考で決め、実践には統率力を発揮する場合です。この場合、トップを補佐する上位職フォロワーたちは独自に考えることをしなくなり、トップリーダーの指示に従うだけです。フォロワー、中堅リーダーはすべての責任はトップにあると、責任を転嫁して彼らの無責任を正当化します。これではとても創造的な組織を構築することはできません。随分以前のことになりますが、ピーター・F・ドラッカーが「カリスマは害をもたらす存在でしかなく、リーダーシップはカリスマに依存するものではない」（日経ビジネス２００５／11／21）と強い調子で語っていたことを思い出します。

いずれの場合も、事業環境が変わり成果に陰りが出始めると、トップは上位職フォロワー、中堅リーダーに責任を転嫁するようになり、部下たちはただ沈黙しトップの責任だとの思いだけをつのらせます。こうなると組織は一気に無責任の空気に包まれます。無責任体質は激しい変化に対応できない、もろい組織を生み出します。

4　光から影へと転換する二面性から逃れられない

人には強みの裏に弱みがある、この二面性は誰もが分かっています。拙著『理系力を活かすキャリア開発』に理系力の強みを取り上げていて、それを六つの特性に分類しています。同時に弱みも六つの特性に分類したところ、強みと弱みがよく対応していることが分かります。ここでは理系の強みに対応する弱みを、「強みVS弱み」で表現します。六つのパターンは次の通りです。「信念・納得VS頑なさ・自己過信」「徹底行動VS専門領域・守備範囲の勝手決め」「論理思考VS法則・手法・数字への盲信と依存」「夢・使命感VS夢の封印」「現実直視VS現実からの逃避」「本質追究VS決断の遅延」となります。ベテランになるに伴って、また昇進によって強みが弱みに転換する様子はよく見られます。

次に部門中核リーダー層に視野を絞ったとき、彼らが有能さを発揮して昇進してきた、有能期の強みは何だったのでしょうか。モーガン・マッコール著『ハイ・フライヤー』によると、「過去の実績」「聡明さ」「献身」「魅力」「野望」と記されています。これらの強みを発揮して高い地位と権力を得ても、新しい職位では環境は激変し、そこでの変化適応力が問われます。高職位になるほど責任は重くのしかかってきます。徐々に強みの光の側面が薄れ、影の側面が大きくなっていきます。『ハイ・フライヤー』記載の五つの光に対応する影の部分について考えてみました。

◆「過去の実績」には、新しい職位でも過去の成功体験に頑なにこだわってしまう。サクセストラップが待ち構えている。

◆「聡明さ」には、他を見下してしまって、異質なものへの好奇心と寛容性が乏しくなる。

◆「献身」には、目的の遂行に手段を選ばないリスクが生じ、他者にも献身を最優先にしてあらゆる手段を求める。不祥事のリスクが増す。

◆「魅力」には、自信過剰に陥りやすく、自分の魅力をもっぱら人の選別、人心操作に用い、付いてくるかどうかの基準で人を色分けする。

◆「野望」には、有能な人材や組織を犠牲にしてでも、自己欲求を優先させる。強いおごり、野心、嫉妬心を抑えきれない。

この光と影の心理の二面性とは異なる形で、もう一つの心理的二面性があります。それは「善と悪」の二面性です。この「善と悪」でのやっかいな問題は、高い地位に昇進して大きな権限と権力を得ると、人は往々にして「善から悪への転換」が起こることです。人の心の中には「善と悪のあまのじゃく」があるといわれる通り、善者の心の中にも悪者がいて、ある時は善から悪へ転換し、またある時には悪から善への逆転も起こります。

人間の心の中には善として認められるポジティブな方向が強ければ、心理的バランスを取るように悪とされるネガティブな方向への欲動が出てくるという一般法則があります。業績への大きな貢献といったポジティブな自覚が強ければ強いほど、心のバランスに魅せられたように、ネガティブなモノ、コトへの強烈な衝動が働くことになります。強力な権力を得ると、人間の心理として「居心地のよいユートピア」を夢見て、批判者や異質の価値観を持つ人材を排斥し、ゆるぎない世界を築こうとします。自ら築いたユートピア世界では、何でもできる、何でも許されると思ってしまい、私的欲望の高まりが善から悪への転換という心理の二面性から逃れることなく、法則通りに進んでいきます。

「善から悪への転換」には次のような二つのパターンがあります。

○経営を破綻に導いてしまう

分かりやすくするために企業経営のトップリーダーの例を取り上げる。例えば創業者が新規事業を立ち上げ、大きな収益事業に育て絶大な権力を得たところまでは、社会的価値を創造し、会社に大きな利益をもたらし、多くの雇用を確保し、多額の税を国家に収めるというまさに大きな善をなしたと言える。しかしその後事業のライフサイクルが進み安定期に入ったところで、多くの経営書が指摘する通り、創業者は絶対的ワンマン独裁体制を敷く。次の衰退期に入ると、事業の挽回を焦る。時代も変わり、事業環境も変わってV字回復が難しいとなったとき、独裁者は大きな先行投資をして、乾坤一擲の決断をする。しかしそれは現実とは乖離していてほとんどは失敗に終わる。こうして大きな善をなした人が、大切な事業を破綻に追い込んで社員を路頭に迷わすだけでなく、ステークホルダーの多大の損失と失望という大きな悪をしてしまう。立派な経営者だと思っていた人物が、もろくも事業をつぶしてしまうことがしばしば報じられている。カリスマリーダーは誰からの忠告も、制約もなく走ることが許されてしまう。立派な経営者は最後まで立派であり続けてもらわないと、企業も部下たちも極めて大きな迷惑をこうむることになる。どうしても善と悪をバランスさせようとする人間の本性に逆らって、悪の誘惑を断固退けてもらいたい。あるいは自ら状況を察知して退き、次世代リーダーに委ねることを考えてもらいたい。

い。経営中枢リーダーが「自分の立ち上げた事業だ、黙ってついてこい」と論理的背景もなく言い出したら、大きなリスクが待ち構えていると覚悟しなければならない。

部門中核リーダーにおいても、類似した状況で経営に対する善にバランスするように、悪を生み出す人間的本質を抱えていることを、意識しておかなければならあない。

○私欲におぼれ倫理的悪にはまってしまう

権力と名誉を得ると、人は往々にして湧き上がる私欲に負けてわきが甘くなっていく。マスコミで報道されているように、パワハラ、セクハラ、金・品・便宜の受領、などの倫理的な問題を起こす事例が後を絶たない。企業のブランドを守り、育てなければならない経営中枢リーダーが、私欲の衝動に駆られて大切な企業ブランドを損なう行為をしてしまう。高いポストの人にこれほどまでに企業ブランドへの意識が低いのかと思うことがよくある。この善と悪をバランスさせてしまう欲動は、人間の本性に関わる問題だけに、強く意識して「善から悪への転換」を抑制することが、経営中核リーダーの必須条件になる。

権威ある権力者であっても、内なる悪の誘いに負けてしまえば「ピーターの法則」でいう無能レベルに踏み入ることを意味する。

この章の終わりに当たって、上位職リーダーに共通してありうる「ピーターの必然」の原因を取り上げたいと思います。「ピーターの必然」を復習しておきます。それは「ピーターの法則」の帰結として「やがて、あらゆるポストは、職責を果たせない無能な人間によって占められる」と予測します。

「ピーターの必然」が生じる主要な原因は、先に述べたように一つは「サンクコスト効果」だと思います。これまで多大の努力を重ね築いてきた地位、プライド、権限、権力、名誉を失いたくないという心理です。従って環境変化が生じても変化への適応には抵抗して「これまでの努力、蓄積を無駄にするのか」「今を耐えていれば、これまでの損失を取り返す好機はきっとくる」と主張する。もう一つの原因は「現状維持バイアス」です。「現状変更には多くの不利益が生じる」「どうなるか分からない不確実なことに投資しなくても、現状で何とかなっているではないか」などといって抵抗を強めていきます。組織の共同体意識を高める論理で、有能であるが故に異質化していく人材を排除する人事施策が起こってしまいます。あるいは有能レベルの人材を権力で無能化へ閉じ込める、また口実を見つけて「出る杭を打つ」ことになります。リーダーにとって共通の認識であるはずの人材育成、という概念が抜け落ちます。

人間は動物であるが故に、本来「順位性の高い生き物」です。自分が組織の頂点に立った時、猜疑心を強め順位の逆転の懸念には本能的に防御策を講じようとします。そして順位を安泰にしてくれる人たちのみを集めることになります。無能化した上位職リーダーは当然のこととして、無能レベルのメンバーを集めます。高職位の無能レベル到達者を有能レベルに転換させることは、企業として意識的に施策を行使しない限り、ほとんど不可能です。それ故に上位職に無能リーダーが吹き溜まる現象が起こります。こうして「個人が組織を無能化し、組織が個人を無能化する」という悪循環を呈し、「ピーターの必然」が成立してしまいます。

「ピーターの法則」も「ピーターの必然」も人間の本性そのものであるが故に、法則として成り立っているのです。従って、この法則を克服するためには、人間の本性の理解そして強い意識と意志が必要です。

第二部　階層社会におけるシニアミドルの無能レベルからの脱却

「ピーターの法則」は「階層社会ではすべての人は昇進を重ね、各々の無能レベルに到達する。そしてその後は最後のポジションに留まり続けようとする」ことを指し示しています。第一部で述べたように、この状況は人間の本性に大きく関わっています。従って無意識でいれば無能レベルから抜け出ることができず、シニアミドル個人も組織もともに無能化していきます。個人の組織への貢献度も、組織の企業への貢献度も低下し、早晩個人も組織もlose–loseの状況が訪れます。

無能レベルに陥ったシニアミドルにどのような気付きがあるのでしょうか。ビジネス人生をより有意義に過ごしたい、そして幸せ感をより強く持ちたいとの思いが湧き出たとき、無能レベルからの脱出を自ら動機付けることはできるのでしょうか。「ピーターの法則」を克服する動機付けができたとしても、その後どのような思考、行動のプロセスをたどればよいのでしょうか。

第二部は、階層社会において無能レベルに到達したシニアミドルがどのように無能レベルから脱却することができるか、その方策を探っていきたいと思います。まず第四章では、無能レベルから脱却するための動機付けについて考えていきます。

第四章　無能レベルからの脱却の動機付け

階層社会で実質的に無能レベルに到達していても、「ピーターの法則」の意味するところを理解していないと、無能レベルからの脱却を容易に発想できるものではありません。うまく進んでいない現実に直面すれば、「技術と適応」のビジネスに直結した側面から現状変革を志向します。しかしそこには自ら自己変容をとげることへの気付きはほとんどありません。無能レベルからの脱却を自分自身に強く動機付けるには、次の三つのステップを進める必要があると考えます。一つひとつのステップで課題を見つけ、知識を豊かにする過程で、自らの変革を動機付ける強い意志と大きなエネルギーを獲得することになります。

①気付きを書き出す

日常活動の中で、順調に進まない現実や迷う場面、失敗も経験する。その原因や対策などを考えていると、ふと何らかの気付きを得ることがある。この暗黙知の共同化の初期反応から出てきた、産声のような気付きを、まずは形式知として表出化する。思いつくままにひらめいた、いくつもの気付きを書き出す。

②「知識の発散」思考で情報を収集し、分析する

見える形の気付きがあって初めて関連情報を収集しようとする、「知識の発散」の意識と行動が生まれる。この過程で気付きに知識を付与しながら、多くの気付きを分類、統合、選別する。ある程度の知識を身にまとった、いくつかの気付きが残る。このまだ幼弱な概念をここでは「テンタティブ（tentative）コンセプト」と呼ぶことにする。

③「知識の収束」思考でファーストコンセプトへと収束させる

テンタティブコンセプトを出発点に、さらに仕事改革のコンセプトと自己変革のコンセ

プトを求めて、知識の発散、収束をくり返し、心が動かされる概念への収束を得る。この明らかに強く意識した最初の概念を、ここでは「ファーストコンセプト」と呼ぶことにする。ファーストコンセプトを導くことによって、このままではいけない、コンセプトに沿って何かを変えていかなければとの思いが募るはずである。

この段階で脱無能化への動機付けの第一歩を踏み出したことになります。この後はファーストコンセプトで明らかになった課題を、さらにその本質を求め、そして解決策を求めて、納得できるところまで「知識の発散」と「知識の収束」をくり返していきます。その過程で現状改革と自己変革への動機は高まっていきます。次にこの三つのステップについてもう少し詳しく考えていきたいと思います。

1　気付きの設定

現状からの脱却を果たす動機付けには二つの状況があります。

一つ目は、状況の改革、自己変革に対して、無意識の状態から何らかの衝撃的な刺激を受け、現状ではいけないという何らかの気付きを得る場合です。そこには三つの目覚めのキッカケ、「挫折、失意、悔しさによる目覚め」「不安、危機感、恐怖による目覚め」「理想と現実とのギャップによる目覚め」があると考えます。

二つ目は、何かははっきりしないが、現状から変化しなければいけないという思いがあり、意識的に問題点の気付きを促す仕掛けを自ら設定して臨む場合です。この二つ目はさらに二つに分かれ、現状に意識的に集中し徹するところから何らかの気付きを求める場合と、気付きの誘発を求めて現状分析からいくつかの視点を明確にし、その一つひとつに思いをはせながら意識的に気付きを得ようとする場合です。これらについて考えていきたいと思います。

（1）無意識からの気付き

無意識の状態から現状に対して何かおかしい、これではいけない、と変化の必要性をリアルに気付くとき、そこには何らかの刺激があるはずです。現状に無関心、無感動で、「あるがまま」を決め込んだり、問題意識から逃避していては、何の気付きもなく、また気付きを表出化することもできません。ビジネス社会でステップアップしてきたシニアミドルにとっても、比較的平穏な状況であれば、現状の問題に無意識であるかも知れません。しかし変革への覚醒となる衝撃的な事柄に出会えば、何らかの変化への気付きが湧き出てくるはずです。では心に響く衝撃的な事柄にはどのようなことが含まれるのでしょうか。人によって大きく異なるもので、多様な刺激が考えられますが、ここでは大きく三つの視点にまとめました。

○挫折、失意、悔しさによる目覚め

ビジネス人生ではたびたび挫折を経験する。プロジェクトの失敗・解散、低評価、冷遇、ポスト解任、左遷、降格などに遭遇する。そこで失意のまま落ち込んでしまえば復元力はなく、ただ保身を図るだけになる。しかし種々の失意も経験し復元力も発揮してきたシニアミドルであれば、今無能レベルに達した最後の昇進で迎えた挫折の悔しさを、あきらめたり、忘れたりすることはない。シニアミドルにとって、挫折からは多くの学びがあると

思う。その原因を探り、事業環境の問題、企業・組織の問題、人間関係や自分自身の問題を考えていくと、どこかに現状の閉塞感に対する何らかの気付きが芽生える。「悔しさ」から出るエネルギーの大きさは緊急事態下で真価が発揮される。そこでは熱意の塊と、その一方で表面を冷ます冷静な判断で課題に向き合う。先入観を捨て情熱と冷静な心を持って動き出せば、現状打開の何らかのひらめきがあると考える。そこに自己変容のヒントもある。

○不安、危機感、恐怖による目覚め

ＶＵＣＡ（ブーカ：Volatility 不安定性・変動性、Uncertainly 不確実性、Complexity 複雑さ、Ambiguity あいまいさ）の時代にあって、技術面にもビジネスの適応面においても不安は一杯である。また不安が具体的な現実の問題になって、このままでは事業も自分自身も大変なことになる、といった危機感に襲われることもある。不安を不満に置き換えて他者責任に逃げ込んだり、鈍感を装って危機感から離れていては、現状打開の何の気付きもない。しかしほとんどのシニアミドルは環境変化に敏感に反応して常に不安な状況にあり、しばしば危機感にも襲われる。危機が具体的な形で我が身に迫ってくれば、恐怖心

に苛まれる。

不安、危機感、恐怖心の正体は何かを探ることになる。与えられた企業条件、組織条件の中で、自分がコントロールできないことはひとまず除外して、コントロールできることに絞る。例えば不安感であれば、「不安な時は動け」といわれる。不安の本質を問いかけながら積極的、肯定的、現実的に答えを探して動く。いくつかの正体らしきことが浮かび上がれば言語化する。考える目標ができればその領域で、世界を広く見渡し、人との出会いを求め、人・情報のネットワークを大切に活用する。

脳科学では物事を客観的に見るには経験が大事だと言われている。シニアミドルは相応の経験を持っていて、物事を客観的に見ることの大切さも方法論も知っている。不安に苛まれていても課題の本質的な要素を言語化できればひとまず落ち着く。不確実な混沌からも部分的に対処できそうなイメージがつかめてくると、リスクとして認識できリスク対策へと進められる。

逆境にも崩れず立ち向かい動くところに、不安、危機感、恐怖の根っ子をつかむ気付きが誘発されると考える。

○理想と現実とのギャップによる目覚め

事業テーマや社内システム、市場適応など企業力、組織力に起因する理想と現実とのギャップがある。また仕事の進捗状態や成果に対する理想と現実のギャップ、自己の職務、職位に対する他者認識と自己認識とのギャップ、さらには人事評価と自己評価とのギャップもある。ギャップに悩んでいるとすれば、このギャップの現実を認知していることを意味する。そこでこのギャップが生じている原因は何かということになる。「ここのところ何かおかしい」「このままではいけない、何かを変えなければいけない」と考え、仲間とも自然に話し合うことになる。このときどうするか。とにかく気になることをたくさん書き出す。１００以上とか、無理やりでも目標を決めてどんどん書き出す。

思いの強い人は理想と現実とのギャップが常にあり、悩み焦っている。しかし多くの悩みにもそれに立ち向かい、粘り強く考え続ける過程で、日頃の自分を越えたところから何らかの気付きに出会える。セレンディピティ、プランド・ハップンスタンス、アブダクション（ひらめき）は現実への苦悩の中から生まれるものである。

（2）意識的な気付きの誘発

うまくいかない現状に苦しみ、そこからの打開を願っていても、どうすればよいのか分からないといった、混迷の状態に陥ることがあります。そのとき意識的にどのように対処すればよいのでしょうか。無意識でいると不安から少しずつ具体性が増し、危機感となりさらには恐怖心を抱くところまで進行してしまいます。そうならないために、不安感、危機感の早期に現状打開の気付きを得たいものです。この場合二つの道があると考えます。一つ目は、与えられたテーマの現状を、期待される方向にいかに進めていくかを、意識的に集中し徹底して取り組む道です。二つ目は、現状打開への気付きを誘発するための仕掛けを意識的に設定します。チェック項目を書き出し、それに従って現状を見つめ直します。そのプロセスから現状打開の何らかの気付きが誘発されるのを待ちます。

○与えられた職務に意識的に集中するプロセスに気付きを求める

現状の閉塞感を打開したい、しかしどうすればよいか分からない場合の一つの意識的な取り組みは、与えられた職務に集中し、まさに真剣で立ち向かう思いで取り組むことである。その過程で課題の本質に触れることが必ずあるはずで、そこから自己変革のヒントが出てくる。

取るに足らないと思う小さいことでも、心ひかれることには考えを巡らせ、自分の中でかみ砕いて血肉にし、暗黙知を豊かにしていく。絶対的な受け身の姿勢からでも、そこに徹すれば大切な気付きへの第一歩になる。状況が自分を求めていると考えることもでき、やりがいを感じることもできる。期待が大きければ大きく返し、期待が小さくてもプライドを持って大きく返すことを考える。いずれにしろ大げさに言えば「今に命をかける」思いで、「今、ここにあることの大切さ」を感じることである。

異質な意見や情報もシニアミドルらしい経験を活かしながら、寛容に受け入れ、ビジネス現場への適応に活かす。今うまくいっていないのであれば、今まで当たり前と思ってきたことを疑う必要があり、まずは今の「当たり前」を確認していく。手始めに上司、先輩から改めて組織に定着している常識、思考回路、習慣、手法といったことを徹底して学ぶ機会を継続的につくる。芸能の世界で言われている「守・破・離」のまず「守」を意識的に見える化する。「守」を把握できれば、「破」、「離」と進む過程でこれまで気付かなかったことに出会えると確信できる。

また現状を改めて知ることを意識したとき、まずは現場に出る。そこでヒトの動き、モノの動き、コトのありようの一次情報を取る。市場の現場では、顧客・非顧客の声や表情、営業担当者の活力、そしてモノの流れから何らかの課題を感じ取る。社内の現場でも上司の怒鳴り声、仲間の愚痴、システム機能のマンネリ化、現場感覚的に的外れな経営判断、経営決断の遅延などから、社内の課題も感じ取る。

現状を見る視線の位置も重要になる。視座によって見えてくるモノ、コトが異なるからである。一つ目は、自分の職位には関係なく組織を導いていく者としてのリーダーシップの視点である。次はリーダーを身近で補佐するフォロワーシップの視点である。三つ目は、現場の前線に立つ人たちに則したメンバーシップの視点だ。トップダウン思考、ボトムアップ思考、ミドル・アップダウン・マネジメント思考で現状を見ていくと、多くの課題に気付く。

組織文化の視点も取り上げて考える。例えば組織内の雰囲気は悪く、各自の活動はバラバラで、相互依存関係はなく一人ひとり孤立し、小さく分断されたチーム間の交流もないといった場合はどうすればよいのか。どうすればどう変わるのだろうか。変化を促す第一歩は組織を明るくすることだろうと考える。例えばまずは「何でもほめる」「やたらほめ合う」「何でも感謝する」というのはどうだろうか。シニアミドルはさらに意識的に上司にもメンバーにも話しかけ、問いかける。小さいことでいい、ほめる材料を見つけてその背景、理由、効果などを尋ね、大いに語らせる。誰からも認めてもらえていない、自分の中だけにしまっていた案件や努力、成果を語ってもらう。敏感に反応して共感し合い、ほめる。きっと明るい空気が流れ、率直な語らいから現状打開の気付きもあるはずである。

○動機付けを誘発するいくつかの思考ポイントから気付きを求める

自分の心のありようが変わると景色が変わるといわれる。見えていなかったことが見えてくることが期待される。漠然とおかしいと思っていたことの原因やその本質が、新しい視点に変えたことで、見えてくるということは十分あり得る。従って現在の自分をいくつかの客観的な視点から分析的に見つめ直す意義はあり、そこで自分を知り、自分を変える気付きを得ることはとても大切なことである。

自分のことは分かっていると思いがちだが、現状打開にはこれまでの自分を越えていく決意が求められる。ここでモチベーション理論として注目されている「リフレクション」について紹介したい。リフレクションとは、「自らの経験を振り返ることによって、新しい気付きを獲得し、思考や行動に変化をもたらす」というもの。またリフレクションは「内省」を意味する。内省とは、自分の行為ではなく、自分の考え方や価値観にスポットを当てている。日常頻繁に使う「反省」が「行為を振り返り行為を改善するためのもの」であるのに対して、「内省」は「自分自身の思考や価値観を客観視すること」で、異なる概念になる。リフレクションによって、「新たな発見、気付き」「考え方と行動の変化」「今後への改善策の発案」が期待される。

ただ一人で考えこんでいても自己の客観的分析は難しい。次に示すような、リフレクションへのいくつかの思考ポイントを視野に入れて、仕事改革と自己変革を目指して自己を見つめ直してもらいたい。

◆自分の思考習慣や価値観を次に示すそれぞれの三方向から客観視する。三視点の円が重なり合うところがスイートスポットになる。自己を客観的に知る過程で現状変革への新たな気付きを得る。

・使命感：ビジョン：情熱
・好奇心：知識：全体最適思考
・できること・得意なこと：本当にやりたいこと：やるべきこと（意味、意義を感じられる）
・意欲：責任感：使命感
・互いの信頼感：仕事への誇り：連帯感
・専門能力：創造的思考能力：意識（欲求、やる気等の内発性の問題）

◆現状の課題分析で対立軸（二項対立）、矛盾点（二律背反）を導き出す。その後で正・反・アウフヘーベン・合の思考統合プロセス、あるいは両利き思考（二項対立、二律背反の両方に取り組む）で課題解決への気付きを得る。短絡的思考で簡単に妥協や二者択一を取らない。

二項対立、矛盾点を誘発する方法の一例を示すと、課題の本質をマーケットインや利他心からとプロダクトアウトや利己心から考えてみる。まずはマーケットインと利他心で市場からの発想起点で考える。顧客と非顧客の心に顕在化している不満や期待、要望から考える。さらに彼らの潜在意識も読み取る。また技術者にしか分からない市場がまだ気付いていない機能を持つ商品も取り上げる。一方プロダクトアウトと利己心に基づき社内の論理、企業ビジョン、目的、利益など、また個人の昇進、報酬、やりがいといったことから発せられる事業戦略、戦術、また日常活動の特徴を書き出す。両者の視点から見たとき必ず矛盾点があり、対立する事柄がある。対立軸を徹底して掘り下げ、その上で両者にとってのwin-winの道を模索する。大いに議論することによって新たな気付きを期待する。

◆時々実務から距離を置いたところに立つ。休日など一人で過ごせる時間を見つけて、関連する市場や興味ある企業の動向、時代の変化、世界の動きを俯瞰する。そして改めて現状において何が問題か、自分たちは何を知っていて、何を知らないのか、自分たちの可能性と限界を考え抜く。目の前で発生している課題の解決に１００％気を取られるのではなく、新たな問題点も見出し課題全体の核心に迫ることを考える。気付きがユニークな発想に基づくものであれば、新たな気付き探求に弾みがつく。

◆今の時代は歴史的に見ると、第四次産業革命（ＩＴ、ロボット）、第五次産業革命（ＡＩ）の最中で古い時代の価値観を背負いながら、新しい時代の価値観を取り入れていくという、両者が重なり合い、衝突し合っている時代である。ＩＴ、ロボット、ＡＩの技術革新は明らかに年代とともに急激に進行し、先端を走る者と、落ちこぼれる者との大きな格差を生んでいる。この社会問題は、グローバル化の反作用的に偏狭なナショナリズムを生むキッカケの一つになっている。国家主義の台頭は、これまでの国家間相互依存関係を強めるグローバル化へのベクトルを逆に向かわせている。コロナパンデミックはその方向性を助長し、ロシアのウクライナへの侵攻戦争は、21世紀においてもこのような悲惨なことがあると世界に印象付けた。そして民主主義国家群と権威主義国家群との対立が顕在化し、国家間相互依存関係は崩れた。

先端技術の革新は21世紀から22世紀に向けて、激しい競争原理に基づいて進行している。一方で国家間のありようを見ると、グローバル化の反作用なのか、こちらは20世紀、19世紀へと後ろ向きに動き出している。過去と未来が重なり合い混じり合い、価値観が混沌として何が正しくて何が間違っているのか、今後どうなっていくのか、方向は理解しても付いていけないといった、価値観が激しく変化する時代を「あわい（間）の時代」という。今はまさに21世紀から22世紀への前向きの「あわいの時代」であり同時に、21世紀から20世紀への後ろ向きの「あわいの時代」でもあるといえる。

この二つの逆方向の大きな流れが衝突し渦巻く世界情勢にあって、ビジネスパーソンとして否応なく無関心ではおれない。大きな変化には必ず前兆がある。小さな前ぶれでもそれが徐々に大きくなって世界に大きな変化を呼び起こすことになれば、身の回りにも必ず影響は出る。小さな前ぶれも、数を増すと恐ろしい状況が待ち受けていることを示唆しているのが、「ハインリッヒの法則（1：29：300の法則）」である。「ハインリッヒの法則」は労働災害の統計から導き出された法則で、「1件の重大事故の裏には29件の中程度の事故があり、その背景には300件のケガには至らないが、ヒヤリ・ハットといわれる異常事故がある」というもの。日常活動の中でいかに「ヒヤリ・ハット」に気付き、減らすかが重要な課題になっている。この法則は応用範囲が広く、不祥事防止や重大危機の予測にも活用できるし、大きな成功を導きたい場合の思考プロセスにも有用である。

「あわいの時代」では価値観も秩序のありようも混沌としている。その渦中で一人ひとりの生き方は、旧時代と新時代の価値観が一人ひとり違った形で混ざり合いながら形成されていくのだろうと思う。多様な人材で満たされている企業内の現状を活かさない手はない。シニアミドルはかつて経験したことのない価値観をも許容していく度量が試される。今の時代の多くの葛藤の中でこそ、これまで全く予測できなかった気付きがあるかも知れない。

2　「知識の発散」思考で情報の収集と分析

事業活動は現状では順調に見えても、将来を危惧した気付きがあり、また現状に問題があれば、早急に対処するための気付きがあります。それらの気付きをランダムにたくさん書き出し、分類、統合、選別して、ともかくいくつかの気付きを設定したところで、次はこれらの気付きに知識を付加し、一つひとつの気付きを事業活動に活用すべき方向に、「育てていく」プロセスの第一歩を迎えます。「知識の発散」思考で、気付きの一つひとつに対して関連情報を収集し分析していきます。しかし一般には、この「知識の発散」は思考の拡がりと多くの労力を必要とするため、往々にして意識しない、重視しない、適当に済ませるといったことが起こります。ふとした気付きが重要なことを示唆し、仕事の改革あるいは自らの変革を促してくれるものかも知れません。気付きが意味深いものかどうかを知りたい、という意識を自ら強固にするために、まずは「知識の発散」への動機付けから確認していきます。

（1）「知識の発散」の動機付け

ふと浮かんだ論理的に無防備な気付きの意味を探り、知識を付与して目的の方向に育てるために、関連情報を収集することになります。このプロセスに無意識でいると、強力な現状維持勢力の論理的、経験的説得力に圧倒されます。意識的に知識の発散思考に踏み込んでいく、自分なりの動機付けとなる行動基準を持っておきたいものです。自ら抵抗なく、意識的に知識の発散に移れる三つの要点を取り上げました。

○「知識の発散」への思考習慣を身につける

この思考習慣を身につけるために、日常生活で考えておきたいことを取り上げる。

・日頃から仕事に直結したこと以外にも、多方面に興味を持ち、自分にとって「何か意味がありそう」とか「おもしろい」といったことに一歩踏み込んで考える。関連情報を集めたり、仲間や家族と話し合う。ともかくいろいろなことに好奇心をもって「おもしろがる」習慣を持つ。

・「気になったことから目を離さない」習慣を持つ。正解は一つではない。現実も見えているところしか見えない。継続して見ていると、物事には裏も表もあり、点と面、名と実、前と後ろといった二面性に気付く。

・取材や出版物、マスコミ報道から得た情報のメモ書きや抜粋、要約、時々に考えたことの記録などを蓄積することを習慣化する。そして日常の判断や論理の組み立てに活用する。また仕事には全く関係がなくても、教養として大切そうな資料、情報、事実も集積していく。

○異質な知識が集まる場に加わる

幅広い知識を身につけるには、自分一人では難しい、レベルも上がらない。自分の限界を突破していくために仲間をつくる。大いに議論する。そこでは論破しようとするのではなく、互いの考えの説明や説得に肯定的視点で誠意を持って接する。

協力者、支援者、応援者を自分勝手に決めて、そのつもりで接する。その思いが人の心を動かす何らかの力となって伝わり反応してくれるものである。ただし、人に好かれる五原則は押さえておこう。

・人は自分に誠実に関心を寄せてくれる人には関心を持つ。

・与えるものがなくても、態度で思いは伝わる。思いやる柔らかな表情、優しい笑顔で接する。

・聞き手に回る。相手が喜んで答えるような質問をする。誰も自分の得意なことや成功体験など、話したいが通常なかなか聞いてもらえない現実があるから。
・相手の興味のありかを見抜いて話題にする。相手がどのようなことに情熱を傾けているかを調べておく。
・心からほめる。人は誰も他人から認められたいという願望があり、自分が重要な存在であることへの欲求、渇望がある。このことを念頭に誠意を込めてほめる。

○経営戦略的プロジェクトに積極的に参加する

例えば、緊急課題の解決プロジェクトや先端技術活用の新商品開発プロジェクト、社内イノベーション・プロジェクトといったプロジェクトに参加する。そこには専門力に優れた個性的な人材が集まっている。短期決戦型のリーダーシップの下で、多様な有能レベルメンバーの熱気につつまれていると自然に視野が拡がる。ただし、このようなプロジェクトチームの一員になるためには、日頃から自分自身を鍛えプロフェッショナルとしての実力をつけておく必要がある。このレベルに達していると、重要な事業方針決断のための戦略会議にも出席を要請されるようになり、ますます事業全体の視点で考えるようになる。

企業、事業、組織の全体最適思考が習慣化すると、物事を考えるとき必然的に発散思考が織り込まれる。

（２）「知識の発散」思考に基づく情報収集と分析

キラッとひらめいた気付きを書きとめると、すぐに関連して知りたいこと、疑問に思うことも出てきます。誰かに話そうと思っても、論理的な説明ができない、何となくそう思う、といったレベルのことも多いはずです。そこで「知識の発散」思考で関連情報を集めてみようと考えます。しかしただ「考える」といっても、どう考えてよいのかが分からないのが現実です。ここで「知識の発散」に有効な考える指針、手段を提示したいと思います。

○よく使われる経営分析指標はしっかり押さえて参考にする

直ちに思いつく、どのような状況にも適用できる、かなり古典的になっている指標を次に示すが、多くのビジネス書等から自分の現状に合った分析指標を探し、日常何にでも適用してみて使い込む。

・ＳＷＯＴ分析

自社や自組織の現状分析に用いられる手法で、内部要因の「強み」と「弱み」、外部要因の「機会」と「脅威」の観点から調査・分析する。

・３Ｃと４Ｐ

競合他社との比較分析に使われる手法で、３Ｃは「Company：自社ができること」「Competitor：競合他社ができること」「Customer：顧客が望むこと」を分析し、自社ができ、他社ができないことで、顧客が望む領域を狙って差別化する。４Ｐは「Product：商品」「Price：価格」「Place：流通」「Promotion：プロモーション」から競合他社に勝つための方策を考える。

・事業成功の３条件

＊市場規模が適正である

＊市場に非効率が生じている

＊市場環境に変化がある

・セグメントマーケティング
事業戦略、マーケティング戦略上重要な指標で市場を分画し、営業資源を重点顧客画分に絞って投入する。

・イノベーションのジレンマ
『イノベーションのジレンマ』に示されている、「持続的イノベーション」と「破壊的イノベーション」は異なるカルチャーによって生み出されるもので、一つの部門で二つのイノベーションの両立は不可能とされている。しかしこの難しさを突破する「両利き戦略」を、暗黙知を豊かにして、ひらめきを得る。

○準備力の視点で考える

事業環境は激しく変化していて、常にリスクと不確実性がある。「リスク」はある程度の対策は考えられる、一方「不確実性」は何となく気がかりで不安感だけが増していく。将来に向かって、対応が迫られるかも知れないことを予測しておくことは、想定リスクの軽減、また不確実性の一部をリスクに変えることに寄与する。この将来を予測した準備力はスピード経営に重要な要素になる。次に準備力を高める視点を考えてみたい。

・計画の実施に当たっては、ポジティブリスト（やるべきことを列挙）とネガティブリスト（やってはいけないことを列挙）の両面を書き出す。

・ハードマネジメント（論理的管理）とソフトマネジメント（感情的・情緒的管理）の両面をメンバーが実感できる状況にする。

・物事の一般則である、「作用には反作用が働く」「慣性の法則が働く」「そうず（添水）のようにエネルギーが一定量溜まったときに変化が起こる」といったことに当てはめて考える。なお「そうず」は「竹の樋（とい）などで水を引いて竹筒に注ぎ入れ、一杯になると重みで反転して水を吐き、軽くなって元に戻るときに石などを打って音を発するようにした仕掛け。「ししおどし」ともいう。

・関連する企業、業界、異業種の特徴ある企業、学会、官界、市場、あるいは最終消費者と間接的顧客、ステークホルダーの情報を集め、既存の考え方と将来への変化のありようを考える。

・社外で得た知識から、社内の評価、探索を試みる。問題提起して社内イノベーションに貢献する方策を考える。

・事業は順調でも「サクセストラップ」の意味する、「成功体験を導いてくれた思考回路、戦略・戦術、システム、プロセス、組織文化などが惰性になり、環境変化に適応できずに、新しいビジネスモデルの創出や技術革新ができない状況」にはまっていないか。「知識の探索」「知識の深化」が組織として志向されているかどうか点検してみる。

○「ハロー効果」からの脱却

「ハロー効果（Halo effect）」とは「ある現象を評価するとき、その一部の特徴的な印象に引きずられて、全体の評価をしてしまう効果」である。「後光効果」ともいわれる。この「ハロー効果」に陥らず客観的な思考ができるように、自分自身に思考の基準を持っておく。成功にもいろいろな理由があり、失敗にもそれなりのいろいろな理由がある。PDCAサイクルで考えると、C（結果の検証）とA（計画の修正）で、成功・失敗の「いろいろ」を明確にする。そのことによってPDCAサイクルのスパイラルアップが可能になる。

現状への「気付き」の知的補強過程である「知識の発散」では、その節々で何度かの簡易な収束も行い、的を絞ってより詳細な発散を要するものと、調査終了あるいは保留のものとを選別していきます。このレベルで残った気付きの概念を、本書ではテンタティブコンセプトと呼んでいます。「ハインリッヒの法則（１：29：３００の法則）」を応用していえば、３００は「ヒヤリ・ハット」に相当する「気付き」の数を意味します。ここから「知識の発散」過程を経て、29のテンタティブコンセプトがあり、ここからさらに納得できるところまで「知識の発散と収束」くり返します。こうして変化への一つ方向を示し、強い動機付けにつながるファーストコンセプトを導きます。次はテンタティブコンセプトからファーストコンセプトに導くプロセスを考えていきます。

3　「知識の収束」思考からファーストコンセプトの表出化

「知の発散」プロセスで取り上げたテンタティブコンセプトは、まだ自分自身そして周囲の人たちの心を動かし、仕事改革や自己変革を動機付ける力強い概念にはなっていません。そこでテンタティブコンセプトからもう一度ビジネスの視点を鮮明にしながら「知識の発散と収束」を繰り返します。その過程でテンタティブコンセプトの分類、統合、選別を重ね、納得できるファーストコンセプトに収束させます。このときの「知識の収束」過程での思考方向、精神的ありようについて考えました。

○ファーストコンセプトに収束させるプロセスでの思考視点

・「メタ認知」を意識して、周りへの配慮、柔軟な思考、冷静で客観的な説得力のある対応を持つ。「メタ認知」とは「自分の認知活動を客観的に捉える、つまり、自らの認知（考える、感じる、記憶する、判断するなど）を認知すること」である。言い方を変えると、自分自身を超越したところから自分を客観的に見ることに加えて、自分自身をコントロールし、冷静な判断や行動ができる能力も含まれる。

・超俯瞰的視野で広く、遠くを見る。垂直思考と水平思考を包含した「統合思考」で見渡す。

・二項対立、矛盾、葛藤を大切にする。突き詰めていくと多くの場合高い次元で一つになる。課題の本質が見えてくる。
・もやもやを受け入れる。不確実な中でも潜在意識（直観）と顕在意識（論理思考）の両方を駆使して、課題を想像し「知識の探索と深化」を続ける。
・「本当のこと」を問い続ける。

○ファーストコンセプトに到達する集中力

集中した精神には特別の力があるといわれる。集中した精神によって、テンタティブコンセプトをさらに肉付けする「知識の発散と収束」で得られた情報から、これまでの自分を越えて出てくる概念をファーストコンセプトに収束させる。集中した精神は「無我の世界」で得られるといわれ、ビジネス世界でもマインドフルネス（瞑想）の意義はよく知られている。また「小さな死」や「小さな出家」を自分の心の中に置くことで、自我からも階層社会のしがらみからも解き放たれた無我の境地をつくることができる。こうした精神の集中によって、考え抜いてきたことの中に光が見えてくる。

ファーストコンセプトを書き出せば、「ピーターの法則」を克服する強い動機付けが得られ、無能レベルから有能レベルへの行動がはじまります。

第五章　無能レベルからの脱却の方策を全般的視点から探る

第四章で無能レベルからの脱却を動機付けられ、新しい自己形成に目覚めた今、再び有能レベルの自己を獲得するためには、どのような方策があるのでしょうか。無能レベルに到達した最後の職位によってもその方策は異なります。それでもシニアミドルが無能レベルから脱出しようとするとき、共通的に考えられる視点もあります。第五章では、このシニアミドルに共通する有能レベルへの脱出策を考えていきます。

無能レベルから脱却する種々の方策の共通基盤は、自らの「自律」をしっかり確認し、次いで「自己の成長と組織への貢献」を考えます。その根源的な視点は持続的な「学び」です。無能レベルから有能レベルへと再噴射するに当たって学び続けることが必須条件です。「学び」は暗黙知のプールを豊かにし、豊かな知識は絡み合ってあふれ出し、自分らしい何かが表出化されます。しかし知識の乏しさは無意識の衝動となって表れ、不勉強はすぐに周囲から見透かされます。これでは有能化への進化は不可能です。そこで自らを動機付け学び続ける視点と、学びを刺激してくれる環境を考えます。その上で役割期待の変化に対応する「自己変容」への方策を考えます。まずは自己の自律力を確認し、自らの学びを促す視点から考えていきます。

1　「自律」を確認し、役割に挑戦する自走力をつける

「ピーターの法則」でいう無能レベルからの脱却を概括的に考えると、最初のチェックポイントは「自律」、そして自らを主導していく「自走力」だと思います。念のため自立と自律の違いを、三省堂スーパー大辞林で確認します。

自立：他の助けや支配なしに自分一人の力だけで物事を行うこと。

自律：・他からの支配や助力を受けず、自分の行動を自分の立てた規律に従って正しく規制すること。

・カント倫理学の中心概念で、自己の欲望や他者の命令に依存せず、自らの意志で客観的な道徳法を立ててこれに従うこと。

無能レベルから脱却して自己変革するための第一歩は、自律をキーワードにして自分の現状を見つめ直します。自律力が弱いという場合、大きく分けてみると次の二つのパターンになると考えます。

○問題意識はあるが、実践力に乏しい

種々の課題への気付きはあり提案力もあるが、粘り抜く、やり抜く実践力に乏しい。失敗の原因を自分の努力不足とは考えず、経営体制や上位リーダー、メンバー、組織文化、事業環境等に責任を転嫁し、無責任に愚痴をこぼしている。

○使命感に乏しく、忙しく行動していることに満足している

課題の発見力、課題設定力に乏しく、情熱を感じることはない。上司の指示に沿って日々目の前の仕事に忙殺されているため、組織貢献を果たしている思いは強く、自分の立場の安泰を信じている。

この二つの状況から脱却して、自らをコントロールしながら、有能レベルに変革していく指針を考えます。

○実践力強化の自覚

評論家的であっても、多くの問題点を指摘している状況から考えると、一つひとつの問題点に対する暗黙知もかなり持っていて、それを共同化し表出化している。ただ問題点の一つひとつへの思い入れや危機感に乏しく行動に移らない、あるいは問題点の本質をつかめていないために本気度に乏しく、やり抜く力が発揮できない。対策は課題に対して、「5回、10回となぜをくり返す」ことである。その過程で課題の本質やそこから発生している危機状態が見えてくる。

自らの主導で課題の本質、現状の危機状況を見出し、「自分が何とかしなくては」という自覚に到達したとき、自己変革の出発点になり、自走力をつけることになる。

○使命感の高揚、目的の理解

多忙感を漂わせてがんばっているのに、やり直しをくり返している人たちがいる。彼らに共通することは、目の前の一つひとつの行動目標が、企業、組織の使命や目的から外れていることである。例えば、声の大きい顧客の強い欲求を目標にして改良製品を開発したが、大多数のサイレントユーザーの需要は別のところにあった、という場合である。改めて多くの需要に対応した製品開発に取り掛かることになる。また上司の思い付きテーマに盲従してがんばっても、企業、組織の目的からずれていては早晩潰れる。責任は上司にあると言って言い訳をしても、自律したシニアミドルとは言えない。

行動目標と戦略・戦術を設定する前に、取り掛かろうとする行動目標の根拠を明確にし、組織全体の目的との整合性を確かめる。根拠があいまいで気になる場合は、「知識の収束と発散をくり返す」思考回路を思い出して適用する。

新しい課題に直面したときは、過去の成功戦略・戦術から離れ、一度心の中でリセットして改めて目的・目標の確認、課題の本質追究からはじめる。リセットできていないと、課題が変わったとき失敗をくり返す。

2　シニアミドルの「学び」への視野拡大を確認する

有能レベルを保つ三要素として、「経験」「やる気」「学び」が語られる場合があります。シニアミドルには「経験」はひとまずあります。そして脱無能化を決意したシニアミドルには「やる気」はあります。残るは「学び」です。

(1)「快楽と痛み(苦痛)の原則」を乗り越える

持続的に「学ぶ」ことに同意し決意しても、「学び」は単純に楽しめるものではありません。苦痛や悩みも多々あり忍耐が求められます。やりがいや喜びは意識して努力し、〝がむしゃら〟の先に見えてくるものです。人間の本性として「快楽と痛み(苦痛)の原則」があります。この原則は「無意識でいると、〝苦痛から逃れたいという習性〟が、〝快楽を求めたいという習性〟より強く感じている。従って人の心は目の前の苦痛から逃れ、今の楽で安易な方向に走ろうとする」というものです。

しかし苦痛の先に快楽があることを知っていれば、今の苦痛に耐えられるはずです。このことは理解していても、一般的には今の苦痛は嫌だし、苦痛に耐えたとしても苦痛の先に何が見えてくるのか、という不安、不信が将来に備える今の努力を萎えさせます。しかし無能レベルからの脱却という大きな目標を意識していれば、将来へのキャリアパスを見通すことはできなくても、少なくとも苦痛に打ち勝って努力すれば、何か新しい世界が見えてくるだろうという確信は持てるはずです。キャリア開発の中で具体的な形として現れなくても、自分の中に明るく感じる何かが生まれます。

自己開発に希望を持ち、自己開発視点の一つひとつに果敢に挑戦することで、少しずつ学ぶ楽しさや、将来への新しい役割が見えてきます。学びの入力があれば、出力としての行動があり、その結果からさらに入力を拡げ、目標を修正して新たな出力行動に移っていきます。この「学び」と「行動」をグルグル回す活動力こそが「学び」を高め「成果」を高める原動力となります。この学び・行動・成果のサイクルに喜びが湧き、小さくてもサイクルが回っていることに快感を得ます。

（2）現状打開の「学び」の誘発戦略

○「確証バイアス」からの脱却

ＶＵＣＡの時代、あわい（間）の時代の只中にあって、我々一人ひとりの将来への価値観は揺れ動いている。これまでの自分のどこを残し、どこを変えていかなければならないのか、と思うことがある。しかし「人は見たいものしか見ない」という習性がある。日常活動で多くの判断がなされるとき、既存の価値観で結論を出し、後からその正当性への議論に終始する。これは人間の本性に関わる「確証バイアス」にはまっているからである。

「確証バイアス」とは「自分の価値観や利益に合致する意見や情報は積極的に取り入れる一方、自らの世界観、価値観、利益に反する意見、情報は拒絶する、あるいは気付かないふりをして迂回する」というものである。

「確証バイアス」の意味を理解し、確証バイアスの克服を日常活動の中で活かし、物事を客観的に見ようとする意識は自己変革の大切な要素である。しかしそのことは一般的には難しく、それができる人は職位に関わらず稀である。従って「確証バイアス」を克服したシニアミドルは希少価値、存在価値を確実に高める。シニアミドルの一人ひとりが立場や役割に応じてこのことに気付き、客観的視点で活動に加わっていくと組織活動に変化が出てくる。そこで感じ取った、新しい価値観に対応した「学び」を進めていく。

○仕事の再定義

事業部門にいるとすると、現在の事業活動の市場範囲、あるいは技術範囲を拡大した形で仕事を再定義してみる。例えば市場シェアでいえば、自社製品の対象市場におけるシェアが現在20％とする。そこでシェアが1％になるように拡大した市場を想定し、そのときの市場を再定義する。そしてその拡大市場の中で、将来目標とする自社品群の存在意義を再定義する。現在の自社品を核にした新しい市場の拡がりを見渡すことができる。そこに新製品開発や新ビジネスモデル開発のアイディアが浮かぶことを期待する。

例えば自社品がスキー用具で、これまで商品の存在意義を「スキー愛好家に愛されるスキー用具の提供」と定義していた場合、対象とする市場領域を、従来の「スキー市場」から新たに「ウィンタースポーツ市場」に変更すると、スノーボード市場はすぐに視野に入ってくる。スキー靴の技術を活かしたスケート靴への展開を考えると、スケート市場もイメージできる。ウインタースポーツを中核にしたレジャー産業への参入も考えられる。現在のスキー用具の製造販売事業の実態を、新しい想定市場でのシェアで見て1％とすると、そこから5％、10％へと上げていくためにはどうするかと考える。また技術領域の拡大思考からは、スキー板技術の活用からテニスラケット、バドミントンラケット市場にも興味が出てくる。さらに市場視野を拡げて、「休日の健康増進市場」を狙うと宣言する。目的を持って具体的な目標を定めれば、技術開発、技術導入、他社との連携、M＆Aといった経営施策が自動的に検討課題になっていく。この過程で全く新たな「学び」の領域が次々と現れ、自ずと持続的「学び」が習慣化していく。

○ピンチをチャンスに変える四つの視点（参照：日経ビジネス２０２０／10／20）

・広い視野、長期的な目線で時代を読む
　期待する状態、逆に最悪の事態を想定する。そこから逆算して行動を決める。
・シニアミドル自身の自己肯定感を確認する
　自らの強み、弱みを整理し、いずれにも相互依存、相互補完、協働で支え合える仲間をつくる。こうしてよい流れを増幅させ、悪い流れや不安感を軽減、解消して自信を持つ。そして自分の使命を明確にし、「自己の成長と組織への貢献」にターゲットを絞る。

・他者を巻き込む風土づくりに貢献する
部分最適思考に取り込まれず、全体最適思考で共感し合える仲間と連携する。市場環境の変化やステークホルダーの視線を大切に考えていく。重要課題には危機感を持って素早くキャッチし組織で解析して共有する。

・意思決定は現場優先で考える
迷ったら現場に立つ。消費者と協働して商品の改良、新商品開発を考える。スピード感を持った対応とやり抜く力を発揮して社内外からの信頼を得る。信頼関係は社内外での人と情報のネットワークづくりの起点となり、現場から乖離した意思決定を防いでくれる。

（3）創造性への知的挑戦

○知識の創造プロセス

野中郁次郎氏が説く「知識創造の四モード（ＳＥＣＩモデル）」のスパイラルアップ思考を参考にすると分かりやすい。このＳＥＣＩモデルはよく知られているので、モデルの説明は略して、私が創造性を考えるときの思考プロセスのみを記すことにする。

イノベーションのカギは「暗黙知」で、まずは学びの誘発戦略に則って「学び」を進める。探索思考、深化思考で目的とする領域、また興味あることを学び続け、暗黙知を豊かにしていく。脳の中で情報を持った神経細胞がテーマの方向に集まり絡まり合って、暗黙知の共同化が進み、知識の塊は膨らんでいく。この過程で共感し合い、率直に語り合える仲間がいると、より多面的な共同化が進む。信頼し合えるペアの存在は創造性発揮のキーポイントになる。暗黙知の塊が大きくなるとあふれ出るように、言葉になり、仮説や概念といった形式知として表出化される。見える化した知識は、他者の多様な知識や理論、あるいは法則、原則と交流し結合して、連結化していく。ここで課題に対する挑戦目標が明確になり計画に沿って実行に移る。実践で得た結果を解析・考察し、修正した目標を立てる。同時に行動で得た何らかの新たな気付き、あるいは技術的ノウハウなどは内面化して再び暗黙知のプールに加える。一回りした知識のサイクルをさらにくり返して回しながら、目的に向かってスパイラルアップしていく。

この知識の相互変換の過程で創造的な気付きがあり、それを論理的に見える化し、ビジネス的評価に耐える概念にまとめ上げる。この知的挑戦プロセスで多くの異質な学びを経験することになる。

○視点の移動と逆転、そして対比、比喩の活用

職場内での新人の視点、同僚の視点、上層部の視点といった視点の移動を意識して持つと、無意識では気付かない新しい刺激が得られる。マーケットでも幼児から老人まで、彼らの消費マインドに対する視点を移動させてみる。大量購買層のニーズ優先から、非消費者のニーズ優先への逆転思考で視線を移してみる。『イノベーションのジレンマ』の「破壊的イノベーション」はこの逆転の発想である。

また、自社商品のシェアは大きく安泰に見えても、ユニークな開発品や他領域の高シェ

ア商品、優良企業の経営諸要素と対比させると、自社品や自社経営への見方が変わり、課題や価値観に新たな気付きが生まれる。心理学でいう「対比効果（他と比べると、違って見えてくる）」を活用して自社品、自社経営のあり方を再評価する。

比喩も活用して、現状の課題や変革の方向を印象付けるのも有効である。例えばリーダーが「我々の組織をミツバチ組織に変身させる」と宣言するとか。なお、ミツバチは一つの巣を存続させるために、ハッキリとした役割分担で組織化された社会的な集団を形成する。アリも同様の社会生活を持つ。

○意識して複数の上司を持つことを常態化する

現実に複数の上司を持つケースは増えている。ある製品の製造部長の上司は、事業部長と工場施設場長であり、海外支店勤務なら上司は支店長と本社の事業部長になる。ただビジネスパーソンにとって上司は一人の場合が圧倒的に多い。この場合、現実の上司以外に自分なりに勝手に想定した上司を意識して持つことを提案する。何らかの接点のある架空の上司として、例えば他部署や他部門のリーダー、あるいは経営中枢のリーダーなどから勝手に選ぶ。

複数の上司の意図を汲み取る意識があると、自然に「複眼先覚」を実践できる。また複数の価値観の中に入ると脳の発達が促されると考えられている。架空の上司にも尋ねたいことなどが蓄積してくると、現実にその架空上司に積極的に働きかける場面をつくることになる。架空の上司にとって、直接的に関係がなくても誠意を持って近づいてくる者には甘い。徐々に交流が生まれ、多くの異質な知識や、示唆に富むアドバイスを得る機会になる。

（4）自分のマーケティング

自分の存在をアピールするために、他者との差別化戦略を考える。このときマーケティングの基本戦略「3C」に当てはめて作戦を練る。「3C」、即ち「Company：自社」は自分自身であり、「Competitor：競合」は関係他者になり、「Customer：顧客」は上司や多くの組織メンバー、社外関係者になる。そこで自己の強みを活かして、競合に真似できないユニークな思考と実践で成果を上げ、かつそれが顧客の欲求に合致する、という独自の価値を築いていく。

自分のマーケティング思考を具体的に考えるときの参考に、四つの視点を取り上げた。自分自身の特徴と存在感を引き出す、自分らしい指針を考えてもらいたい。

○何か「一点突破」の旗を掲げ、周囲の認知を得る

いくつかのテーマを評価して最上位のテーマを絞り込んだら、意を決して「一点突破」作戦に出る。そのときの指針を確認する。

・自分の能力の中で特に他者にはない独自の領域を自覚して、その強みをテーマの中のいくつかの要素に適用して、徹底的に活かす。

・自分目線と受け手目線との重なり合うところに注力する。ここで「自分目線」とは、興味がありハマっている、狭い分野でも職場でＮｏ．１である、強い欲求を感じていて将来どうしても追究したいことなど。「受け手目線」とは、上司や仲間、組織に役立つことで、例えば自分のノウハウの開示、形として残しうるもの（特許、論文、パンフレット、手順書、市場分析など）があり、「Give and give」の視点で考える。

一般に「自分目線」と「受け手目線」の重なる領域に特化して思考すると、希少価値が生じ、強化された独自性が上司、組織に受け入れられ、一気に存在価値が上昇する。

○地道な努力を重ね圧倒的に膨大なデータを持つ

組織の重要テーマに取り組み、取得した膨大なデータの解析から課題の本質をつかむキッカケを得る。ＡＩの活用には膨大なデータが起点となる。新しい時代の効果的な課題解決の提案につなげる。

○現在位置から将来へ向かう道筋を考える

一つ目の道筋は、自分の現有能力を地道な努力で実力を高め、その上で新しい技術を習得して時代の動向に合った先端的目標に挑戦する。二つ目は、現有能力のままいきなり先端的目標を持つプロジェクトに参加して、時代の変化を察知し、学びを加速させ先端的目標に適応する。

自分の置かれた環境から判断して、いずれかの道筋で時代の変化に対応していく。

○自分のマーケティング戦略を五年ごとに見直す

次のような自己分析のチェック項目を持って、自己マーケティング戦略を定期的に見直し修正・変更していく。

・「サクセストラップ」にはまって、変化してきている現状への適応を妨げていないか。
・人事異動等で職場環境が変わったとき、新たに自分のマーケティング戦略の再構築に取り組んでいるか。
・弱みの克服ができない場合、強みを活かす職場、役職への移行、転出を考えているか。あるいは弱点を補完し合えるペアを求めているか。
・シニアミドルらしく複数の経験を活かして専門領域を増やしているか。T字型、さらにπ型へ、また線（一次元）から面（二次元）、立体（三次元）へと専門領域を拡大し武器を増やし、全体最適構想を思考しているか。その実践を通じて自分の成長を実感しているか。

（５）自分のブランディング

ビジネスでいうブランディングとは、自社の商品やサービスと競合他社の商品やサービスとの違いを明確にして差別化することです。言い換えると、ブランディングは商品やサービスにブランドの力を授けることで、ひとえに差別化のプロセスです。ブランドは最終的には消費者のマインドの中に存在するものです。

商品やサービスのブランディングの四大要素を参考に、自分自身のブランディング戦略を考えます。

・差別化：　自己ブランドと他者ブランドとの違いが強調できる。
・重要性：　企業、組織、上司、組織メンバーからの欲求に対して、自己ブランドの訴求力が高い。
・尊重：　自己のブランドが社内外でよく思われ、リスペクトされている。
・知識：　自己のブランドが周囲の人たちになじみ、親しみを持って受け入れられている。

自己のブランドを意識することの意義は、自己を厳しく律する心が芽生えることです。環境変化の中でブランド力を保つことは容易なことではありません。しかし自分のプライドにかけてもブランドを保ちたいという欲求を持ちたいものです。そこに新たな成長と貢献が育まれるからです。

3　シニアミドルの「学び」を刺激する環境づくり

シニアミドルの一人ひとりにとって、「学び」を刺激してくれる環境は異なります。ここでは代表的な二つの職場環境、「改良・改善の職場環境」と「改革・革新の職場環境」を考えます。自分の立ち位置から考えて、どのように自らを動機付け、「学び」に励むことができるか、職場環境は無能レベルからの脱却に重要な視点です。

（1）改良・改善の職場環境での「学び」

事業環境が安定していて、現有の経営資源を効率的に活用する環境にある場合、改良・改善の組織文化が形成されています。

経営は「技術と適応」から成り立っています。「改良」はこの技術要素の改良を意味し、

「改善」は適応要素の改善を意味します。

ビジネス環境が安定し、もっぱら改良・改善が期待される場合、職場環境づくりに次の三点を考えます。これらの職場環境づくりに参画する過程で、自らの成長と貢献の突破口となる、学びの視点に気付くことになります。

○重なり合って進む環境

具体的な情報が多い場合の戦術思考で、屋根瓦のように一枚一枚重なり合って「水も漏らさぬ」体制を組む。

○渾然一体となって進む環境

具体的な課題解決のために編成されたプロジェクトチームのように、組織全体が目的達成のために渾然一体となって、時には「フロー状態（最高に集中し没頭している状態で、かつリラックス状態でもある）」になって仕事に取り組む職場風土を大切にする。

○煩雑なナレッジマネジメントを効率的と考える環境

成熟事業では多種多様な知識、経験、まとまった情報が蓄積されている。これらのナレッジマネジメントの重要性は以前から認知されているが、的確に機能している組織は少ないと感じている。その難しさの原因は、一つには次々と入ってくる重要度の判別が困難な、雑多な知識、情報を分類して、アップデイトする煩雑さである。もう一つは、組織にとっての知識、情報の重要度が経時的に違ってくることである。価値が乏しくなった古いナレッジが溜まるばかりで管理できなくなる。

主にこの二つの理由でナレッジマネジメントの重要性を掲げてスタートしても、短期的成果主義で評価される日常業務の中で、気付いた人が片手間的にやっているようではとても継続的な有用性は保てない。

ナレッジマネジメントを組織のシステムの中に取り込み、特許の管理システムや他部門、他社の成功例、失敗例を参考にして、人を配置し運営規定を整える。時々のニーズに対応できるように運営方法も変化させていく。結果として煩雑なナレッジマネジメントも仕事の効率化を促進している、ということが実感できる環境を目指す。シニアミドルにとって、この環境づくりには活躍が期待される。ナレッジマネジメントに深く関わることで、頭の中に雑多な情報の交流が生まれ、新たな学びの視点を見出す。

（2）改革・革新の職場環境での「学び」

ＶＵＣＡの時代、あわい（間）の時代に期待される組織は、改革・革新の空気で満たされている必要があります。しかし組織は「このままでは危ない」と感じていても、大胆な変化に挑戦できないのが現実です。ではなぜ変革に踏み出せないのか、どのような不安があるのか、菊澤研宗著『成功する日本企業には「共通の本質」がある：ダイナミック・ケイパビリティの経営学』には次の三つの要素が示されています。

◆サンクコスト（埋没コスト）の発生：　これまで投下した経営資源が無駄になる。

◆機会コストの発生：　従来通りであれば得られるはずの利益が、変化することで失われるかも知れない。

◆交渉・取引コストの発生：　これまでに固執する利害関係者との交渉・説得・取引が必要になる。

これらのコスト発生を危惧して「現状維持バイアス」あるいは「パラダイムの不条理」が機能して、思考は停止し組織の硬直化を招いてしまいます。「パラダイムの不条理」とは「成功後も、真面目であるが故に同じ方向に努力を積み重ね、そこに非効率や不正が生じても変革コストが大きいために、変革しない方が合理的という不条理な判断に陥る傾向」を意味しています。

この「パラダイムの不条理」を克服して変革する方向性には、「改革」と「革新」の二つの道筋があります。シニアミドルの立場に応じて「改革組織」あるいは「革新組織」づくりに参画する過程で、またこれらの組織文化の中で、自らの成長と貢献の突破口となる、学びの視点に気付くことになります。

○改革志向組織

「改革」は「経営基盤を維持しつつ組織やシステムなどを改め変える」ことを意味する。ある程度の現有資産、資源を活用した変革で、「共特化の原理」が参考になる。「共特化の原理」とは「サンクコスト、機会コスト、交渉・取引コスト等の想定コスト以上にプラスを生み出すような変革、つまり既存の資産、資源の再構成、再配置、再利用」である。また別の解説資料を見ると、共特化の原理は「現状変革を実行するために、既存資産の再構成、再配置が必要であるということで、この再構成、再配置の意味するところは、直接的な資産間や知識間の問題だけではなく、まず全体としてのミッションやビジョンがあり、それを正しいと経営者が価値判断し、社員もそれに共感し、既存の人的・物的資産のみならず知識・技術資産も再構成、再配置していく。これによって、オーケストラのように部分の総和以上の全体を生み出す原理」であると。

「共特化の原理」を念頭に社内イノベーションを果たし新しい価値を創造する。個別に利用しても大きな価値を生み出せない知識や技術を組み合わせ、結合して、新しい価値を生み出す効果に期待する。さらに企業間での連携、結合による新領域への展開も視野に入れる。

○革新志向組織

「革新（イノベーション）」は「企業の古くからの習慣、制度、状態、考え方などを新しく変える」ことを意味する。『イノベーションのジレンマ』に示されているように、「破壊的イノベーション」を果たすためには、改良・改善による技術的深化を意味する「持続的イノベーション」とは抜本的に異なる企業文化が求められる。「革新」を果たすには「技術と適応」において、現状から抜本的に脱却した経営を志向し、末端組織においても革新の風が実感できていなければならない。

（3）人事部の支援

シニアミドルは各自、自分自身の役割期待に沿って「改良・改善の環境」あるいは「改革・革新の環境」の中で「学び」の方向を見出します。さらに階層社会における縦と横の連携を図りながら、状況変化に反応してシニアミドル一人ひとりが現場での判断力を高め「自律と協働」を志向していきます。シニアミドルの自己変革は当然のこととしながらも、個人が孤立していては成長は難しくなります。さらに彼らは人材育成のプロフェッショナルではありません。自分自身を育てることに手段を持っていません。彼らを支援し導くシステムは必要で、それが「人事部」です。

雇用期間の延長に伴って人事部の役割の重大性が改めて問われています。人事部としてシニアミドルの「成長と貢献」への意志をどのように支援し、彼らをどのように活かすか、人事部の大事な課題です。企業成長へのカギを握っているといえるでしょう。そこで次に人事部が配慮すべきシニアミドルの支援策を取り上げました。

○社内スペシャリスト、プロフェッショナルを活かす人事施策

全社のシニアミドルに対して、スペシャリスト、プロフェッショナルとして該当するメンバーを選出します。まずは候補メンバーの資質、専門力、人間性、キャリアに関するリストを作成する。次に先に述べた「共特化の原理」に則して、彼らを活かす戦略的組織を全社的視野で再構築し、彼らをその中に組み込み、組織の中での相乗効果を促し成長を図る。人事部の一部署は、彼らを活かす彼らの「営業担当部署」として機能する。

○シニアミドルのキャリア開発管理

シニアミドルの適性を把握し、企業運営上最大限の効果を引き出し、組織貢献を促す。しかしシニアミドルは明確な成果が見えにくい、出にくい、あるいはビジネスリスクの高い組織に配属されることがよくある。ここで人事権を行使する側の人事部も、行使されるシニアミドルも「裁兵」という中国古典に出てくる言葉を知っておきたい。「裁兵」とは「戦争で勝利した軍が、敗戦の将兵を他の戦争で最前線に送り込むなどして、消耗させてしまうこと。敗残兵は放っておけば浪人になって治安を乱したり、敵と結んだりする可能性があるので、次の戦争の時に最前線に投入する。勝てばそれでよし。負けても敗軍将兵を片付けられるのでそれでよし。どちらにしても損はない」というもの。無能リーダーが優秀で個性的な部下を、管理しにくい、自分のポストが危うい、などといった理由で裁兵にすることがある。上位職リーダーは無意識であっても、この裁兵の概念は持っている。人事部は職場単位の人事評価時や人事異動時には、裁兵によって有能レベルの人材を失うことのないように目を光らせる。同様の意味で、人事部は客観的な視点で、優秀であるが故の、いわれなく冷遇されている人材を救済する役割も担っている。

人事部は人材管理、人材開発、人材派遣のプロフェッショナル部門としての機能が期待され、企業経営上の重要度はますます増大している。

○間接部署のシニアミドルに適した人事評価の創出

間接部署のシニアミドルの多くは、短期的成果主義での評価にはそぐわない業務を担っている。社員全員を同じ評価基準で評価することは現実的ではない。マーケティング戦略の基本であるセグメントマーケティングを考えれば、当然人事評価システムも社員を分画して異なる基準で評価するべきである。シニアミドルの場合は仕事のプロセスを重視し、一つひとつのマイルストーン到達時の評価を大切にして、成長を考えたフィードバックを丁寧に実施する。

○心理的安全性と高いレベルの仕事力を追求する組織文化

学習する健全な職場は、高いレベルの仕事を要求される一方で、心理的安定性が確保されている。この環境でこそ率直な交流が生まれ、相乗効果が創造性と実践力を促進する。

心理的に不安定な状況にして、高いレベルの仕事を要求するマネジメントスタイルもあるが、短期効果しか期待できない。長期的には人心は疲弊し考えない集団に陥る。

4 「自己変容」へのアプローチの指針

シニアミドルは経験知を持つリーダーとして企業組織の中心的役割を担う存在です。リーダーとしての期待を背負いながらも、徐々に「ピーターの法則」でいう無能レベルに陥ってしまった現状は問題です。このままでは組織は衰退していきます。無能化した中堅リーダーの多くは無能レベルに達した職位を去り、新しいキャリアを求めていきます。組織のリーダーには有能レベルを保持している新任のリーダーが赴任します。

いずれにしてもシニアミドル層の無能レベルからの脱却は、本人にとっても組織にとっても重大な課題です。第四章で示したように、彼らが現状の閉塞感や周囲の反応、人事評価から状況を察知し、危機感を持って現状からの脱皮を模索しはじめたとき、どのように考えればよいのでしょうか。概念的に考えると、最初のステップは「自己変容」への目覚めです。次は自己変容を体現するための「新たなキャリア開発の選択」ですが、このことについては第六、七、八、九章で詳しく考えていきます。

まずは自ら「自己変容」を導く意識変革の視点を考えていくことにします。「思考指針」と「行動指針」の二方向からのアプローチによって、自らの力で自己変容は可能であると考えます。ただしこのことは容易なことではありません。

中堅リーダーは有能さを発揮して昇進してきた実績を持っています。ここにきて閉塞感や不安感が忍び込んできていても、その原因を他に転嫁して現状に留まろうとします。自らの気付きで「自己変容」をとげることは難しく、この厚い壁を乗り越えられる中堅リーダーは、一般的には極めて少数です。ロバート・キーガン、リサ・ラスコウ・レイヒー著『なぜ人と組織は変われないのか』に示されている二つの研究結果では、自己主導型から自己変容型へと進化できる人は、おおむね1／5から1／10程度と見込まれます。この難しい課題に挑戦するには、本人の自らを動機付ける強い意志が必要です。何としても無能レベルから脱出して、自分らしさを発揮した晴れやかなビジネス人生を送りたいという強い願望が必須条件です。この強い決意を持った者だけが、困難な「自己変容」に取り組んでいくことになります。

（1）自己変容への思考方向からのアプローチ

○自己変容への思考起点を意識する

利己的思考、部分最適思考など、これまで重点を置いていた思考から脱却して、思考起点を逆転させてみる。例えば、思考の起点を利他、give and give、全体最適に置き換えて考える。究極では自己と他者、自己と組織との win-win の関係にならないと持続性は保てないけれども、最初のステップとして、思考・発想の起点を逆転させることによって、見えていなかったことが見えてくる。広い視野を持つことで、これまでの自分を越えて理解が深まる。この新しい世界観に没入することで価値観の転換も起こり、これまでの「昇進」という価値観から「自己の成長と組織・他者への貢献」という新たな価値観に変わっていく。

○「メタ認知」を意識する

「メタ認知」とは第四章で述べているように、「自分の思考・言動について、もう一人の自分が客観的な立場から、その思考・言動を調整したり、調和させたりする能力」で、メタ認知が高い人の特徴は、自分の長所、短所など自分自身をよく知っている、周りへの配慮ができる、いつでも冷静な対応ができる、柔軟な思考で自分をコントロールできる、仕事への意欲が高い、といわれている。自分を「メタ認知」の意識を持って見直す。

○ピンチをチャンスに変える

現状に閉塞感を持つようになれば、組織の外に出ることを考える。他の部署、部門への移動、出向などを申告する、あるいは人事異動などには積極的に反応して受け入れる。中堅リーダーを経験しているシニアミドルであれば、新しい環境で新たな使命感を見出し、変革のアイディアも浮かんでくる。苦境を大きなチャンスと捉え、自己変容の場が与えられたと考えて乗り越えていく。そこには必ず協働し合える仲間との出会いもある。禅語に「平地の上に死人無数。いばらの林を過ぎ得たる者これつわものなり」とある。安穏無事では死んだのも同然の人間が多い。いばらの道を歩んでこそ本当の生き方が分かり、そこで生き残れば「したたかなつわもの」になっている、ということである。

○自律と協働を自己矛盾なく進める

昇進と利己心を超越すると、自律はこれまでのキャリアから容易に確立でき、利他を伴う協働にも躊躇なく取り組める。困難な状況を乗り越えるには、まずは志を共有し信頼し合える相棒を持つ。相互に協力し切磋琢磨しながら共に進化し、過去の自分を超えていく。次に二人の影響力を核に組織変革の波をつくっていく。

○成果主義的人事評価から自由になる

組織のリーダーから離れれば、組織の短期評価を過度に気にすることはなく、自分のルール主導でいいと割り切れる。自分のルールとして、例えば次のようなことが考えられる。

・何でも夢中になってやれば必ず何らかの道は開ける。
・俗な自尊心はいらない。今何をやるか、自我を超越すれば自ずと考えがまとまる。
・やってやれないところは、誰でも人の手を借りればいい。
・決断の前の判断に注視する。必ず選択肢をそろえて何を選ぶかを悩む。最初から一か八かの一点突破主義は取らない。

・強さと同時に、明るさ、温かさ、そして共視、共感を大切にして、楽観的に、前向きに力を出す。

・組織の目的を大きく捉え、その概念の中で自分なりのテーマを持つ。

・自分の内なる不安や恐怖心、また他者からの否定的な反応にもたじろがない。冷静、誠実、丁寧に対策を考える。

自分のルールで活動して、その結果ネガティブな評価であっても、納得できないことには超然たる態度を貫く。すぐに評価されなくても、誰かの心に残り、どこかで芽を出すかも知れない。

（2）自己変容への行動方向からのアプローチ

○行動指針に「両利き」を取り入れる

体験を重ねながら自己変容を遂げるためには、自分自身の活動方向を定め、行動起点となる行動指針を持つことである。これまでの自分と違った方向に目を向けさせてくれる指針には何がいいのか。自分の思考・行動を客観視するためには複数の課題を受け入れ、物事を複数の視点で見つめる必要がある。このニーズに応えてくれる指針として、チャールズ・A・オライリー著『両利きの経営：二兎を追う戦略が未来を切り拓く』が説く「両利き」の概念が適すると考える。

物事を考え行動するとき、まず「両利き」の観点からスタートする。このことによって物事を「両利き」で考えるための矛盾点（二律背反）、二項対立点を探し、物事の対立関係を見出す作業が必然的に生じる。物事に対する相反する二面性を明らかにすれば、後は「正・反・アウフヘーベンして合に達する統合戦法」「両利き：車の両輪戦法」で課題解決を図る。

○ＰＤＣＡサイクルのActionプロセスで勝負する

ＰＤＣＡサイクルを回すときの重要課題は、何度も述べてきているように、結果(Check)の検証・分析から計画の修正（Action）のプロセスである。シニアミドルであれば特にActionに注目する。ＰＤＣＡサイクルのスパイラルアップの上昇角度を大きく上げるための戦略変更、戦術変更のアイディアを出していく。目の前の組織目標の上位概念である目的を常に見据え、ユニークな発想を取り入れたＡＰＤＣサイクルを思考する。課題解決の進捗状況はＰＤＣＡサイクルのスパイラルアップ上昇角度の大きさで評価できる。

○課題発見思考を持つ

「昇進」という価値観から自由になり、無能レベルから脱却して「自己の成長と組織への貢献」をテーマに自己変容を遂げているシニアミドルにあっては、組織における「奴雁(どがん)」でありたい。「奴雁」とは「雁（かり）の群れが餌をついばんでいるとき、仲間が外敵から襲われないように首を高くして周囲を警戒する一羽の雁のこと」をいう。福沢諭吉が「学者は国家の奴雁なり」と説いたといわれている。シニアミドルも「シニアミドルは企業・組織の奴雁なり」と、そっと胸を張りたい。

将来どの方向にキャリアを変更していっても、その組織で奴雁としての存在感を発揮する。いかなる時も一人で社内外の周辺を見渡し、過去・現在・未来に思いをはせ、課題を見出す。

無能レベルに陥ったシニアミドルが自律した自己を確認し、継続的学習の大切さを学び、自己変容への道を歩もうとするとき、今の自己変革の志を体現できる具体的なキャリア開発を考えなければなりません。企業組織の実践の場で有能レベルを発揮できる道筋は次の四つのルートに分かれます。各自、自分の意志と適性から道筋を選択して、自分らしい有能レベルに挑戦してもらいたいと思います。

・スペシャリストへの道筋（第六章）
・プロフェッショナルへの道筋（第七章）
・フォロワー（Ｎｏ．２的存在または参謀的存在）への道筋（第八章）
・「グレイト」リーダーへの挑戦の道筋（第九章）

腹を決める分岐点は、「プレーヤー」か「リーダー／マネジャー」か、となります。よく考え、相談し納得することが大切です。どうしてもすっきり決まらないときは、上司や人事部の判断に従うことです。自分の特性を自分自身が理解できていない場合がよくあるからです。後で考えると適材適所だったという事例は多くあります。

生まれ変わった気持ちで新たな道に挑むにあたり、改めて自己の特性、思いを確認することは大切です。自分は「何ができるか、何が得意で、何が不得手か」、「本当にやりたいことは何か、何に情熱を持つことができるか」、「どのように組織に、他者に貢献できるか、自分の存在意義をどのように感じているか」と問いかけ、重なり合う領域に重点的に取り組み、その中に自分に適したことを見出し大事に育てていきます。

自分らしい有能レベルへの道筋を選択したら、後は「引き寄せの法則（強く願ったり、信じたりしたものは実現しやすい）」を信じ、自分に期待して願う方向に邁進していきます。

第六章　シニアミドルのスペシャリストへの道筋

ＩＴやＡＩに代表される技術革新、国際的競争環境の激変は専門知識・技術の陳腐化を早めています。技術蓄積を活かす「持続的イノベーション」だけでは競争力の維持向上は困難です。先端技術の活用、創造的な発想が重視されるようになると、時代の変化に対応して進化できない専門家の専門力では通用しなくなります。

専門的技術力と成果で昇進しても、肝心の技術力に「賞味期限」がきてしまった、あるいは不得手なリーダーシップを期待されてしまった、というケースはよく見られます。専門性を武器に個人力で昇進してきて、今リーダーとして無能レベルに到達してしまった人は、もう一度個人ワーク中心に、シニアミドルらしさも備えた、新たなスタイルのスペシャリストの道筋を目指せばよいのです。

中堅リーダーを経験してきたシニアミドルは、若い間は専門力で勝負していたとしても、役職上リーダーシップの要請が高まるにつれ、専門力を伸ばす優先度を下げてきています。先端分野では専門領域から五年遠ざかると取り返しがつかないギャップが生じてしまいます。従ってほとんどのシニアミドルは改めてスペシャリストに回帰することをためらいます。ただ少数は人間関係や短期的成果主義評価に疲れ、専門性への強い興味にも引かれて、スペシャリストとして活路を見出したい人もいます。ただシニアミドルのスペシャリストとしての活動の場は、理系出身者の場合、「技術」そのものの職務の場合と「適応」に関連した領域、即ち研究企画・行政、技術行政、調査、知財、環境・安全・衛生などでの職務になることもあります。

混沌の時代にあって、高度な専門力を持ったスペシャリストたちの力の分担と結集で、現状の壁を突破していくことが期待されています。ビジネスの経験知を持ち、リーダーの苦悩も理解できるシニアミドルのスペシャリストは、若いスペシャリストとは違った次元の個性、存在感を発揮できるはずです。

世界的にスペシャリストへの期待は高まっています。従って将来にわたって、専門技術者の大幅な供給不足が予測されています。スペシャリストの企業ニーズは高くなる一方で、社外からのスペシャリストの採用も活発です。しかしそれだけでは不十分だと経営も気付き、対策を打ちはじめています。スペシャリストを志向することによって、まずリーダーシップ・マネジメントから解放されます。そして新たな「学び」の機会と時間をもらえる可能性が大きくなります。この転換期を捉えて自己の再教育に励み、「賞味期限」からの離脱を図ります。

ＶＵＣＡの時代、あわい（間）の時代にあって、スペシャリストとして専門的知識・技術の停滞は、即退行を意味します。「よい習慣は才能を超える」といわれます。スペシャリストとしてのプライドで、学び続ける意志と方法論を持って成長への自走力をつけていきます。スペシャリストとして「技術力で生きてきた人は、技術力で生きる」と決意したとき、考えておきたいことは、五年ごとに再教育を受け技術の進化を取り込んでいくことです。そしてその目標、想定している内容を自己開発プログラムに記載していきます。

ここで新たなキャリアとして、シニアミドルが「スペシャリストへの道筋」を選択したときの、思考方向と行動指針を取り上げました。

（1）スペシャリストを志すシニアミドル思考

・好奇心：　メジャー領域とニッチ領域の両方に目配せして、「なぜ」を連発することで物事の本質を見つめ続ける。

・あきらめない心：　セレンディピティ、プランド・ハップンスタンスを呼び込む執着心・探求心を持ち続ける。

・先端技術への挑戦：　高度な専門性が知識のすそ野を拡げてくれる。その結果として柔軟な思考、柔軟な働き方の道が開けてくる。

・全体最適思考の重視：　部分最適思考に取り込まれず、全体最適との対比を重視する。「対比効果」で部分最適での問題点が見えてくる。

・経験知、実践知の活用：　中堅リーダーを経験したシニアミドルとしての経験知、実践知をスペシャリストの立ち位置から組織に還元し活かす。シニアミドル・スペシャリストらしさを使命感や情熱、貢献、思いやりの精神で表現し、上司、メンバーからの相談相手、彼らへの支援者として機能する。

・自由な発想の確保：　階層社会の中で可能な限り自由な立場を確保する。組織の慣習や常識に縛られない、自由な発想を心掛ける。先に述べた「自分のマーケティング」「自分のブランディング」を見つめる。

・高揚感：　直観力を大切にして、その根拠を「おもしろがって」追究してみる。感動的な局面では思い切り精神を高揚させる。フロー状態をつくることもできる。

(2) スペシャリストとして生き抜く行動指針

○一つひとつのテーマを見続け、考え続ける

全体最適思考で課題の核心をつかみたい欲求に駆られるいくつかのテーマに出会えば、その一つひとつのテーマを見続け、考え続ける。複数のテーマがどこかで関連し合い、結びつくこともある。その過程で新たな何かに気付くことができるかも知れない。何事も最初の出会いだけでは本質的なことは分からない。未来を予感するテーマであれば、柔軟性と執着心とを矛盾なく発揮できる。変化に対応しながらも、あきらめない粘り強さで苦労も乗り越えていける。このスペシャリストの愚直な精神こそがセレンディピティとの出会いを生み、プランド・ハップンスタンスの偶然を呼び込む。スティーブ・ジョブズのスタ

ンフォード大学卒業式でのスピーチで、若者の心をつかんだ言葉、「Stay hungry, stay foolish !」が頭に浮かぶ。

○自分らしい新しい価値観を見出す

既存の階層社会では、評価体制、報酬制度からどうしても「昇進」という価値観に支配される。しかし中堅リーダー職を経験し無能レベルに到達した後でスペシャリストを志向するとき、明らかに出世レースからの離脱を意味する。そこで価値観の転換が必要になる。二つの事例を見てみよう。一つは、移動先のこれまでと全く関連性のない職場で、暗中模索の末に意外とやりがいを感じる領域を見つけ、そこに自分らしい「自己実現」という価値観を見出すことができたという例で、もう一つは、組織の長年の課題を解決するためのプロジェクトチームに参加して、夢中で問題解消に奔走している過程で、「昇進」はどうでもよくなり、「組織と期待してくれる人への貢献」を胸に仲間と切磋琢磨しながら成果を生み、喜びを分かち合うことにビジネス活動の意義を見出したという例である。いずれも自分自身が納得し心から没頭できる価値観を見出した事例である。

第七章　シニアミドルのプロフェッショナルへの道筋

技術力とリーダーシップで昇進してきたリーダーが、より上位のリーダーへの道筋を選択せず新たな道を模索するとき、プロフェッショナルへの道を選ぶことは自然なことです。また人事異動においても、ミドルの組織リーダーが経営スタッフ部門や事業部門等のスタッフ部署へと転進し、プロフェッショナルとしての役割が期待されるケースは多く見られます。ここで「プロフェッショナル」についての基礎知識を確認しておきたいと思います。

スペシャリストは単純化していうと高度な技術専門家で、大括りの仕事を細分化したときの一部の専門領域を担当することで、「技術、課業の専門家」といえます。一方プロフェッショナルは、高度な技術専門職でかつ、定常組織あるいは特定課題に対応するプロジェクトチームにおいて、リーダー、フォロワー、一メンバーの立場のいかんにかかわらずリーダーシップも期待されます。状況によっては自分で課題を見つけ、個人で、また小チームの主導的立場で課題解決に取り組みます。プロフェッショナルは「技術と人の専門家」

のイメージだと理解できます。

大久保幸夫著『ビジネス・プロフェッショナル』では多様な領域で活躍するプロフェッショナルを、次の四つのグループに分類して、それぞれの特徴を示しています。自分がどの領域のプロフェッショナルに適し、どの領域で自分を活かし続けられるかを考えます。

■ビジネスサービス・プロフェッショナル：　営業、販売

■ヒューマン・プロフェッショナル：　カウンセラー、アドバイザー、コーチ・インストラクター、コーディネーター

■研究開発・プロフェッショナル：　特定分野の技術開発

■ビジネスソリューション・プロフェッショナル：　コンサルタント、プランナー、アナリスト、プロデューサー、デザイナー

本書でいう「プロフェッショナル」の対象は主にスタッフ部門に在籍する、いわゆる本社の経営スタッフ、そして各部門の間接部署スタッフで、「ビジネスソリューション・プロフェッショナル」を念頭に置いています。ただし、プロフェッショナルのグループ分類

にこだわることなく、現実には定常的にチーム・グループの一員として、経営戦略、事業戦略、製造、販売、研究開発等における課題に取り組み、状況に応じて編成されるプロジェクトチームの一員としても選抜されて活動します。

プロフェッショナルを志向するときの最初の関門は、価値観を「昇進」から「ソリューションによる組織への貢献」へと転換させることです。無意識でいては、この価値観の転換が大きな壁になります。しかしそこはシニアミドルの冷静な知恵でその転換を決意し、プロフェッショナルとしての成長プラン、キャリア開発を考えます。プロフェッショナルへの転進をイメージしたとき、次の三点を参考にしてもらいたいと考えます。

○経験競争に参戦する

新規あるいは既存のプロジェクトチームに積極的に参画して経験を重ねる。または個人的に組織の課題を発見して課題解決に主体的に取り組み、プロフェッショナルとしての個人的力量を発揮する。種々の経験を重ねることで、技術と適応を学び、知識の探索と深化を図る。まずは社内的にプロとして認められるまでの懸命の努力と創意が求められる。

○課題発見の視点を持つ

シニアミドル・プロフェッショナルの存在価値を高める大きな要素は、課題発見力である。ほとんどの人は持ち込まれた課題の解決に懸命に取り組むが、課題発見ができる人は極限られた人である。漫然と日々を送っていては課題に気付かない。日頃から課題発見のための視点を書き出し、覚え込んでおく。次に参考のためにいくつかの課題発見の視点を列記する。

・現場（市場、製造、研究開発等）へ頻繁に取材に出かけ、現場に仲間をつくる。
・インフォーマルなコミュニケーションの場で、愚痴を採取する。対象相手の論理を知る。
・自社の事業経営の要点、気がかりなことの本質を知るために、世界の同業他社や異業種企業と対比して考える。「対比効果」を期待する。
・自社や業界の常識に捉われず、自社のあるべき姿を考え、それが実現できていない制約条件を確認する。そこから考え方を変えるだけで、制約を除くこともできるし、知恵を出して制約を個性に転換させることもできる。

・現状変更に対するアイディアは納得できるまで、見方を変えつつ出し尽くす。

○「小よく大を制す」の発想を持つ

この発想を持って思考し行動するときの三つの要点を示す。

・素早く動き、いち早く有利なポジションにつく。
・大きい勢力と協業・協働して対決を避ける。
・大きい勢力を自らの反撃力に利用する。例えば、大きい勢力がすり寄ってくる新製品や新ビジネスモデルを開発する。

組織のリーダーとして昇進してきたシニアミドルにとって、行き詰まり感を自覚していたとしても、いきなり人事異動でリーダー職を外され、経営スタッフや事業部スタッフなどの間接部門での職務を与えられると、挫折感と戸惑いで呆然としてしまいます。確かにこれまでの集団の力を背景にした戦いから、個人力で戦う場に移行することは大変な変化です。新しい環境に適応するための新たな学びのイメージがわかない、経験知獲得のシナリオが描けない。この真っ白な状況にひるみます。しかしこれからの長いビジネス人生を考えると、ここはいかなる事態にも恐れることなく心を固め、無能レベルから組織の成果に貢献する有能レベルへの脱皮を図るしかありません。「ピンチはチャンス」と信じて新しい現実を見つめることになります。新しい職場で期待される役割と自分自身の適性を考えます。これまでの経験が活かせるリーダーシップに加えて、新たに専門知識を学ぶことを決意します。そしてプロフェッショナルへの道筋に納得したとき、次に企業のプロフェッショナルには二つの側面が求められていることを知る必要があります。

一つは、本社の経営スタッフや事業部スタッフといわれる間接部門で、日常的な所属チームやグループの一員として、設定された組織の目標に直結した業務を担うプロフェッショナルです。もう一つは種々の課題発見、課題解決のための組織内プロジェクトチームあるいは組織横断的プロジェクトチームに参画して活動するプロフェッショナルです。特にシニアのプロフェッショナルの役割としては、専門力だけではなくリーダーシップでの寄与も求められます。企業・組織の状況に応じて、一人でこの二つの活動の場を行き来できるように、専門力とリーダーシップ力を磨いていくことになります。ここで一般的に「プロフェッショナル」というとき、次のようなイメージで捉えられています。それは「自分の武器を探し育て磨き、自己の成長を確認しながら、変化する企業環境の中で今の枠から飛び出して課題解決に挑戦する。任されたことに対して失敗・成功の後始末ができる、即ち落とし前を付けられる人」です。

ここでシニアプロフェッショナルとして有能さを発揮するために、まずはシニアプロフェッショナルの条件を考え、次に二つの側面、定常組織における経営スタッフとしてのプロフェッショナルとプロジェクトチームにおけるプロフェッショナルについて、それぞれの役割遂行のための指針を考えてみたいと思います。ここでは本社の経営スタッフも各部門の事業経営スタッフも、同じ経営スタッフとして考えていきます。

（1）シニアプロフェッショナルの条件

○個人力で勝負する

経営スタッフ部門では個人力で課題発見、課題解決、システム構築に取り組む。少数のチームで取り組むことがあっても、互いにプロフェッショナルとしての能力を発揮した協働になる。従って一つの業務に必要な要素、例えば「外からの視点」「社内知識・技術の活用・組み合わせ」「先端知識・技術の導入・活用」「創造的な発想」「発信力・説得力・交渉力」を一人で担う。

○強い自己研鑽意欲を持って学び続ける

ライン部門からスタッフ部門への移動、あるいはスタッフ部門間の移動によって、新たな専門力を身につける必要が出てくる。専門家になるには一般に一万時間の研鑽が必要だと言われている。経験的には一年程度でかなり状況は見えてきて、提案もできるようになる。三、四年で一万時間をクリアーして専門家レベルに到達する。しかしそのころには環境が変わり、新たな領域の学びが待ち構えている。この学びと状況変化はくり返され、長いビジネス人生の最後まで「学び」は続くことになる。

○人的ネットワークを形成する

プロフェッショナルは個人力での勝負が基本になるが、どうしても個人の力の限界を越えたところに、課題解決の突破口が見つかる場合が多い。チーム力に頼れない場合、同部門、他部門のキーマンや社外の関連機関スタッフとの連携を考える。日頃から人的ネットワークを意識的に構築し、いつでも活用できる準備をしておく。そのための人間力、知識力、情報力が求められる。孤独での自律力の強さと、孤独をつくらない連帯構築力の強さの両立で役割を果たす。

○損な役回りから逃げない

変革には失敗が付いて回る。それが将来への布石の試行錯誤の過程であっても、反対勢力からの攻撃対象になる。そこで「改革の捨て石になってもいい」「今の状況を見ている後輩が乗り越えてくれるはずだ」と覚悟を持つ。大胆で自由な気持ち、一種の自分なりの「出家」した心持をつくって、組織の改革に尽力する。

○経営を支える中心的役割を自任した心意気を持つ

経営スタッフの活動が経営を動かす原動力になっている。経営スタッフ部門は本来、企業のシンクタンク的役割を担っている。従って企業の盛衰は、彼らプロフェッショナルとしての力量と部門間の連携力に大きく依存している。しかしライン部門の徹底した合理化で余剰となったシニアミドルがスタッフ部門に集まってくる状況はある。そのことで経営スタッフには「ぶら下がり社員が多い」とか「彼らが経営力を劣化させている」といわれかねない現実がある。無能レベルからの脱却を決意し中堅プロフェッショナルを志したシニアミドルは、このような風評を跳ね返す心意気を持つ。経営力を高め得る推進力となり、近くに「ぶら下がり社員」がいれば、彼らを課題解決の渦に巻き込み戦力に変えていく。経営スタッフ力の向上は必然的にライン部門との高いレベルでの交流を生むことになる。

○掛け替えのできない存在を目指す

他では代替できない道にこだわりを持って自己研鑽に励む。自分の得手を活用して、先見性、構想力、実践力に独自の世界を持つ。そこには人と情報が集まり、そこから人は何かの情報と人とのつながりを得て戻っていく。まさに人と情報のハブ機能的存在感を発揮する。

（2）経営スタッフ機能発揮のための行動指針

○社内イノベーション志向を持つ

各スタッフ部門の活動基準をセグメントマーケティング思考で見直すと、顧客は経営中枢であり、関連するライン部門・部署、広く捉えると関連部門社員全員となる。この幅広い顧客のニーズや欲求の核心を一つの概念で突くことは不可能である。経営スタッフ・プロフェッショナルは社内顧客との交流の中で、的確な指標で顧客を分画し、重点化セグメントの設定、そして重点セグメントにアプローチする戦略を立案する。重点セグメントでは、彼らの「技術と適応」に関する課題や、悩み、不安などの「精神」に関わる課題も取り上げる。

経営スタッフとしての専門力とリーダーシップを持って、現場と協働しながら優先課題を切り出し、資源を集中的に投入して課題解決を図る。例えば人事部門であれば、社員を職位、職務、年齢、性別、有能レベル層・無能レベル層といった指標を組み合わせて分画する。また全社のグループや人材の分画に、対外的に戦いを挑む「攻撃的視点」と、彼らを社内で強固に支える「守備的視点」の指標もある。さらに「技術・適応・精神性」における「混沌から這い上がろうとしているグループや人材」と「安定した状況で効果・効率を追求しているグループや人材」の指標もあり、これらは大切な視点である。種々の指標を重ねて社員を分画し、その上で視点の異なるいくつかの重点セグメントを特定し、優先順位をつけるか、あるいは同時並行的か、人事的・教育的施策の観点から戦略を定め、実行計画を立案して重点的に資源を投入していく。

このような戦略思考で経営中枢や事業活動の現場に入り、具体的な変革テーマを持って交流することで、社内イノベーションの課題が見えてくる。

○ライン部門の戦略思考不在への対処は責務と考える

経営戦略として、現状からジャンプした事業革新、画期的新製品の開発あるいは新ビジネスモデルの開発、を狙っている場合、実行部隊の戦略を企業全体の視点から注視する必要がある。そこにスタッフ・プロフェッショナルの力量が問われる。想定外の緊急課題の解決には戦略構想が立てられないまま、戦術的なトライアンドエラーからはじめざるを得ないことがあるが、高い目標を持った挑戦的な課題解決には熟慮した戦略が先行すべきである。「戦略の不在・失敗を戦術では補うことができない」からである。担当部門の戦略に問題があれば経営スタッフとしての視点を加えて協議していく。そのときの現場からの反応を想像すると、「事業実態の知識に乏しい人は黙っていてくれ」「責任を取れない人は下がっていてくれ」といったことだと思う。スタッフ・プロフェッショナルはファシリテーション能力を身につけておく必要がある。現場との議論の中でファシリテーターとして機能し、課題の本質、戦略の適性を明らかにする方向に議論を誘導していく。ファシリテーターには特別な専門性は要求されない。議論が横道にそれれば修正し、加熱すれば冷やし、知識が不十分なら期間を決めて「知識の収束と発散のくり返し」による知識の探索と深化を求める。議論全体を目的の方向に導くというファシリテーターの役割を果たす。この議論展開プロセスに現場の異論はないはずである。

○判断の切り替えを柔軟に行う

平時における経営スタッフの視線は、所属部門そして関連するライン部門の活動状況に対して、今見えているところに何か問題はないかという、疑いの視線を持つ。いわば性悪説的視線で問題発掘を試みる。逆に有事の時は、対策として出てくるアイディアを素早く有効性を判断して、機敏に果敢に行動する。いわば性善説的判断で対処する。このスタッフの判断の柔軟性と俊敏さが的確な経営判断を生み企業を支える。

○常に課題の本質を問い続ける

経営施策がなぜか順調に進まないとか、誰もその原因が分からないままに失敗をくり返すといったことがよくある。そのとき経営スタッフは考える、うまくいかない原因、失敗をくり返す原因の本質的な要素がどこかにあるはずだと。その本質的課題を問い続ける。このプロセスを大事にすることが将来の変革の起点を見出すキッカケを生む。「ひらめき」はカオスから生まれるといわれる。カオスを分析して直感力と洞察力で関係者を驚かせる。この心意気で、長期低迷に陥っているライン部門や、長期的に新商品を出せない研究開発部門に対して、社内経営コンサルタント的立場で介入していく。社内コンサルタントとしてのメリットは、社内事情をよく理解している、率直に議論し合える、上から目線での単なる抽象論では終わらないところである。

（3）プロジェクトチームで活動するための行動指針

○広い視野で日常的に「探索と深化」で準備力を高めておく

経営スタッフとしての日常業務の中で、課題を表面的に捉えるだけではなく、その奥にある本質的意味まで柔軟に考える。そのためにも時間をつくって「探索と深化」で物事の本質を見つめる習慣を身につける。例えば、日常の課題をビジネスの一般則に当てはめてみる。種々の状況に対応した一般則を調べ、課題の本質を知る一助にする。例えば、営業で壁に突き当たっていれば、マーケティングの一般則である、マスマーケティング、セグメントマーケティング、ワンツーワンマーケティング、データベースマーケティングに立ち戻って、現状の課題を見出す。

この日頃の広い視野での準備力が、いざ緊急課題解決のプロジェクトチームが編成され、参画することになったとき、効果を発揮する。頭が硬直していては経験のない課題解決に立ち向かっても、対応するアイディアは浮かんでこない。目標と戦略の議論で盛り上がれない。医学の世界での「血流予備能」が頭に浮かぶ。血流予備能とは、健康で柔軟な血管であればいざ走り出したとき瞬時に心臓は大量の血液を送り出し、対応して太い血管も毛細血管も瞬時に膨らみ、全身に酸素と栄養を送り届ける。しかし血管が動脈硬化を病んでいれば、いざというとき血管は硬化していて膨らまず、酸素と栄養を十分送り届けられない。この血管の柔軟性の指標が「血流予備能」である。我々に高い「思考力予備能」の大切さを教えてくれている。

○イノベーションの起点発想のためのチェックポイントを持つ

イノベーションの起点を模索するとき、発想のチェックポイントを持っていると、キッカケをつかみやすい。チェックポイントとして、対立する事柄を書き出し、対立する事柄のそれぞれの現状を書き入れる。対立事例を思い浮かべようとするとき、次のような対立する言葉に沿って現実を考える。「協働と競争」「規律（秩序）とダイナミズム」「探索と深化」「一貫性と柔軟な変化」「論理性と精神性」「企業論理と市場論理」「経営方針と現場主義」「やれる理由とやれない理由」などが頭に浮かぶ。対立事項の情報を集め、解析して対立点を明確にする。この後は「アウフヘーベンによる統合思考」「両利き思考」でイノベーションを果たしていく。安易な妥協や二者択一は取らない。

○新たな専門力の構築を目指す

40歳代後半になるとこれまでの技術基盤を大切に維持しながらも、環境変化に対応して、多様なプロジェクトに共通して活用できる専門力の構築を目指す。このときも「技術」と「適応」の両面を視野に入れて考える。技術面では、これまでの技術領域とは異なる領域の専門力を開拓して、より幅広い技術能力を持つプロフェッショナルを目指す。適応においても、プロジェクト・マネジメントで必ず必要になる手法、例えば「ファシリテーション手法」をマスターする。一部企業ではすでにミドルの必須スキルになっている。また販売活動に従事することになった場合は勿論、どの部門にいても「マーケティング」「ブランディング」「コーチング」「アクティブラーニング」を使えるレベルに学んでおく。

○プロジェクトチームのチームづくりを磨く

・異能人材を入れ、チーム内の議論を活発化させる。サクセストラップや常識からの脱却、さらには多角的視点からの衝突と葛藤から、現状打開力を引き出す。特にシニアミドルはチームの「秩序（一体性）とざわざわ感（多様性）」のバランスを、状況によって意識的に変化させていく。試行錯誤の発散の時は、ざわざわ感をより大切にし、チーム目標に収束が得られたら、協働の一体性・秩序を持って実行に移っていく。このざわざわ感と一体感をくり返す。

・チームメンバーに戦略型、戦術型、実践型のスペシャリスト、プロフェッショナルを配置する。

・ビジネス展開力、情報科学力（データの集積、情報処理、統計学、ＡＩ活用等）、ビジネスと情報科学の連結力、の三位一体をチーム内外を問わず配置する。

・大多数の正規部隊に対して、少数の機動部隊に相当するチームを配置する。

・プロジェクトチームの文化を醸成する。メンバー全員で情報を共有化する。メンバーは階層社会を離れてセルフマネジメント力が前提になる。信頼関係、率直な議論、異質を受け入れる好奇心と寛容さ、思考・心の柔軟さ、学び合う向上心、全体最適思考が活かされる組織の空気をつくる。

第八章　シニアミドルのフォロワーへの道筋

組織はリーダーとリーダーを支える数名のフォロワーと多くのメンバーで構成されています。階層社会を「昇進」という価値観で進んできて、小さくても組織リーダーとしての充実感を持っていたはずなのに、いつの間にか閉塞感が忍び寄り、今「ピーターの法則」でいう無能レベルに陥っていることを自覚させられたとき、どの方向に舵を切るか迷います。これまでのキャリアで得た経験知をどう生かせるだろうかと考えます。

チーム、グループのリーダー職を離れるとしたとき、ライン部門でも、スタッフ部門であっても、自己の適性を考慮しながら組織活動への参画の道筋を考えます。自分がスペシャリスト、プロフェッショナルといった専門力で勝負するタイプではなく、キャリアからも特定の専門力を磨く道を歩んでいない場合、リーダーシップ、マネジメントの経験知を活かすことを考えます。そこには所属組織のトップリーダーを補佐する、フォロワーの道があります。単独でも、チーム・グループの一員としてでも、どのような立場であっても、自分の中でリーダーへのフォロワーシップを発揮することに存在意義を見出すことができます。ただしリーダーとしての挫折の原因を考え、将来にわたる長いフォロワー人生を考え、改めてリーダーシップとマネジメントについて学び直すことを覚悟する必要があります。このフォロワーという新しいキャリアに向かう道筋は、体験してきた状況から判断して二つのルートになると考えます。

一つは、マネジメント力主体で中堅リーダーまで昇進してきて、今幅広いリーダーシップが求められ、無能感、挫折感を抱いている場合です。例えば、カリスマリーダー、ワンマン独裁型リーダーといった、強力なリーダーの下でマネジメントの実務力を発揮し、その成果を背景に中堅リーダーにまで昇進してきて、現職位への昇進が有能レベルから無能レベルへの最後の昇進になっている場合です。強力なリーダーの下で得られるメリットは、上司からの多様な要求を器用に処理する過程で体得した「適応」に関する経験知です。デメリットは新しい課題の模索や、課題解決へのアイディアを考える習慣ができていないことです。従って強力リーダーの下で成長してきたシニアミドルは、リーダーシップに弱みがあっても、マネジメントには強みを持っています。無能レベルからの脱却には、士気を鼓舞する統率力、マネジメント実務力の強みに活路を見出すことが適切だと考えます。もう一つの例は、トップのリーダーが無能レベルにあっても組織が安泰な状況であれば、中堅リーダーはリスクを犯した革新的思考は求められません。従って効率的で堅実なマネジメント主体の組織運営を主導的立場で思考してきていました。この場合もマネジメント実務力の経験を活かしたところに活路を見出すことになります。また部門移動や役割変更を多く経験しているシニアミドルは、専門力は育ちにくくても多様な実務経験を重ね、人脈も自然に拡がっています。これらのキャリアを持つシニアミドルは、リーダーの下で「No.2」的に、リーダーの統率力、マネジメント力を支援するフォロワーシップを発揮するのが自然の方向だと考えます。

次は、リーダーシップ力で中堅リーダーまで昇進してきて、今「技術と適応」のより高いレベルで期待されるリーダーシップに無能感、挫折感を抱いている場合です。例えば担当した新製品開発あるいは新ビジネスモデル開発が失敗に終わり、経験知だけでは新たなテーマ開拓はできず、無能レベルに陥っている場合があります。またリーダーシップのセンスがあっても担当する事業領域や組織規模が拡大してきたとき、あるいは事業や開発のフェーズが進んだとき、本来内向型で、自分自身が組織の前面に立って戦う統率力に内向型の短所が顕在化し、無能レベルに陥っている場合もあります。

前者の場合で、新規分野の開拓、戦略、戦術への興味に偏りがあり、マネジメントへの関心が乏しかったと自己分析したシニアミドルは、長所を伸ばす方向で、戦略・作戦参謀的役割で組織のリーダーを補佐するフォロワーの道を選択することが適すると考えます。後者の場合は内向型の長所を自覚して長所を拡大し、短所は上司のリーダーに依存するという立ち位置、即ち長所の部分を前面に出せるフォロワーの道筋が適していると考えます。

マーティ・O・レイニー著『内向型を強みにする』によると、内向型人間が組織にもたらす重要な特性は、「深く見つめる能力」「変化が関係者にどんな影響を及ぼすかを見抜く力」「観察力」「枠にとらわれず考える力」「歓迎されない決断を下す力」「ペースを少しだけ落とす力」と考えられています。内向型か外向型かには関係なく、このような能力特性を持つシニアミドルは、リーダーの下で「参謀」的に組織の目標・戦略の設定、結果の解析を支援するフォロワーシップを発揮するのが理解しやすい方向だと考えます。リーダーとして感じていた重圧や孤独感から解放され、得意領域に集中できます。

リーダーの統率力、マネジメント力を支援する担い手をここでは「Ｎｏ．２型フォロワー」と呼ぶことにします。またリーダーシップの一部である戦略・戦術の設定や結果の解析、目標の修正、新たな課題の発見、組織のシステムや組織のありように関する意見を具申するフォロワーは、ここでは「参謀型フォロワー」と呼ぶことにします。

いずれも期待されるフォロワーは組織の存在意義（パーパス）とは何か、仕事を通じて組織はどのようでありたいか、どのように変えていくか、という明確な認識を持ち、それが使命感に昇華されている人たちです。新しい「技術と適応」の学習は、この使命感によって自ずとレベルアップしていきます。

ＶＵＣＡの時代にあって将来予測は難しくなっています。一点突破的思考は危険です。どうしても網を拡げながら目的に向かって進んでいく必要があります。そこで組織運営上配慮すべきことは、組織目標に正面から取り組む主力部隊と、将来の変化を予測した試行錯誤的目標に取り組む機動部隊の併行運用です。

戦略が明確になっている成功確率の高い目標には、組織の主力部隊が演繹的推論を起点にしたＰＤＣＡサイクルによる正攻法で取り組みます。この正規部隊組織は一体感を高め、具体的な戦略・戦術を組み込んで立案された、実行計画を着実に実施していきます。「Ｎｏ．２型フォロワー」はこの主力部隊でリーダーの統率力を支え、管理技術力で着実な展開を支えるイメージです。

一方、組織の主要目標に陰りが出ることや、重大クレーム、競合品の出現、技術の急速な進歩などの不測の事態に備える戦略、そして既存概念を超えた新製品開発、新ビジネスモデル開発に対する探索、試行の戦略には、機動部隊が対応することになります。機動部隊は、既存の枠組みから飛び出した発散的・創造的発想が求められます。「破壊的イノベーション」のセンスです。帰納的推論を起点にしたＣＡＰＤサイクル、アブダクション（ひらめき）を起点にするＡＰＤＣサイクル、あるいは試行錯誤から戦略構想を導こうとするＤＣＡＰサイクルで現状からの打開を考えます。「参謀型フォロワー」の活動主体はこの機動部隊で、リーダーの事業戦略構想を率先して補助、補完するイメージです。「参謀型フォロワー」の頭の中の一部では、常に正規部隊が取り組んでいる課題にも関心を持ち、先端領域での知見や理論の活用を考えます。

Ｎｏ．２型フォロワーと参謀型フォロワーはそれぞれの経験知を交流させ、協働して組織全体の短期的・中期的成果と将来への布石に対して、フォロワーシップを発揮していきます。不振事業の共通点として次の三点が考えられます。

・経営陣の力量不足、事業知識の乏しさ
・戦略性の低さ
・内向き思考が強く、危機感に乏しい組織風土

事業が現在のところ順調であっても、これらの点に留意しながらフォロワーは自分の特性を活かしリーダーを支えていきます。

組織運営の実態を客観的に見て、事業不振の原因としてリーダーに大きな課題がある場合、フォロワーは「尾大（びだい：頭より尾の方が大きいこと）」を意識して前面に出ざるを得ません。一方新任リーダーの場合にありがちな状況は、リーダーが的確な目標と戦略を掲げても、実践部隊が「現状維持バイアス」に飲み込まれていて抵抗勢力化する場合です。この場合は「尾大ふるわず（尾が大きすぎると体を自由に動かせないこと）」とい

う状態で組織活動は立ち止まってしまいます。フォロワーは素早く抵抗勢力の壁を突破する施策を持ち、リーダーと協働して組織風土の変革に取り組みます。

またフォロワーとして大切なことは、組織の中での「道標」になることです。そのためにはヴィクトール・E・フランクル（『夜と霧』の著者）のいう「創造価値」「体験価値」「態度価値」を体現することだと考えます。リーダーやメンバーを創造的な発想で支え、実践行動で支えます。そしていずれもできない局面では態度で支援の気持ちを伝えます。

フォロワーの仕事は組織の外からも内からも見えにくいものです。わずかな人しか知らない状況で大切な改革を準備し、静かにコトを成し遂げられれば、それを最高の喜びとし、「天知る、地知る、我知る」でよしとする心意気がフォロワーシップの真髄です。わずかの関係者も自分の貢献を認めてくれて、「なんじ（相手とか相棒とか）知る」が加わり、「四知」となればさらによしと考える。いずれは多くの人たちが知ることになるかも知れないからです。

フォロワーを決意したシニアミドルの心得は、心静かに心の安定を保って仕事に臨むこと、信義を大切にすること、誠実に対応することです。信頼できる人とは、下位から上位に昇進していく者よりも、上位から下位に下がっても不満なく任務を全うしている人物です。「挫折は、根を張って乗り越えよ」といわれます。階層社会でリーダーとして挫折しても、フォロワーとして組織の中にしっかり根を張り、新しい価値観として「貢献」を掲げます。そこにシニアミドルとして長く続くビジネス人生に意義を見出せると考えます。

組織リーダーに対するフォロワーの役割としての「統率力・マネジメント支援」と「参謀力・リーダーシップ支援」は、必ずしも一人ひとりに分かれているものではなく、多くの場合は一人が両者の能力を持ち、また両者の役割が期待されます。しかし人によってどちらかに偏りがあります。フォロワーを志向するシニアミドルは、この二つの役割の内自分が得意とする方を主な研鑽対象とし、不得手な方はそれが得意な他のフォロワーと連携し補完し合いながらリーダーを支えていきます。ここで二つの役割についてもう少し考えてみたいと思います。

1　Ｎｏ．２型フォロワーへの道筋

中堅リーダーを経験したシニアミドルが、Ｎｏ．２型フォロワーという立場で、所属部門等における組織のトップリーダー（以下リーダーと略します）の統率力（マネジメント力を含む）を支援するときの、心得的視点をまずは確認しておきましょう。組織を統率する推進力は、先に述べた「ミドル・アップダウン・マネジメント」の効果的な運営です。しかし組織の大小にかかわらずリーダーとメンバーとの情報の交流はスムーズに進まない現実があります。そこはフォロワーがリーダーを支援して、経営トップからのトップダウンの指示や情報の意味を組織として理解し、組織にどのように適用するかを考えます。またメンバーの末端情報も一次情報として受け入れるだけではなく、いくつかの課題での共通性や、課題の本質的なところも考慮してリーダーに伝達します。フォロワーの重要なところは、リーダーともメンバーとも信頼関係を得て率直な話し合いができることが前提になります。ここで思い出すのは「共視」の重要性です。「共視」とは、本来赤ちゃんと母親との関係から生まれた、赤ちゃんの発達心理学での概念で、「赤ちゃんは母と共に同じものを見る〝共視〟の行為によって、母の視線を追いかける、母の注意はどこに向けられているかを知る、視線の先にある何かに関心を持つ。母が何かを思い何かを言っていることに気付き始める」ことです。「共視」から「共感」が生まれます。リーダーと共視し、メンバーと共視することが両者とのコミュニケーションを密なものとし、リーダーの「ミドル・アップダウン・マネジメント」を助けることになります。

次にリーダーの統率力を支援する、フォロワーの現場活動の指針となる六つの要点を取り上げます。

（1）寛容と協働で「何でもやる」心意気で臨む

◆上司、メンバーとフランクに話し合う。質問力、聞く力、対話力、交渉力の大切さを理解する。何でもやる心意気で、組織の課題、組織の可能性を問い続ける。

◆言い訳的な愚痴を言うことがあっても手を抜かない、あきらめない。ひたすら努力するところに物事の本質らしいことが見えてくる。試行の方向も定まる。

◆現場、現物に根を下ろして現実主義的に行動する。

◆何事も自分で見る、考える、行動することで、自分にしか感じられない何かが浮かび上がってくる。それを大事にする。
◆自立心を下げるような他者への依存心は意識的に抑制して、「あえて火中の栗を拾う」「おれがやらねば誰がやる」精神で何事にも望む。
◆ハードパワーまたはソフトパワーを発揮する。リーダーの性格上ハードパワーに偏りがあれば、フォロワーは精神的な側面から支援する。メンバーへの思いやりや気配りで、職場に明るく温かい空気を送り込む。リーダーの性格上ソフトパワーに偏りがあれば、フォロワーはハードパワーで強さの側面を支える。率先して組織の判断、決定に参画し、周囲からの批判にも耐え、打たれ強さを発揮する。
◆フォロワーどうしの連携を図る。組織にはリーダーの下で役割を分担する少数のフォロワーがいる。組織全体で効果的・効率的な活動を目指すとき、フォロワーが互いに連携し合うことが必須条件になる。フォロワー全員が強い信頼関係を持ち、相互依存関係を構築できるのが理想だけれども、それが難しいときは少なくとも「信頼できるペア」を持つことを意識する。チームプレーの最小単位である「ペア」の重要性はビジネス世界で強く認識されている。ペアが核になって組織への影響力を拡大していく。それぞれの人的ネットワークを連結して大きな勢いを作り、組織改革への推進力を担う。

◆組織の熱量を上げ、改革の仕組みを作る。停滞感が漂う組織の改革には、まずメンバーの熱量を高めることに注力する。リーダーと協力して将来への期待感を抱かせる改革シナリオを示し、改革の仕組みを作る。比較的早期に効果が出そうなテーマに優先して取り組み、成果の芽が見えたらみんなで大げさに喜び合い祝う。

◆自分の得意領域を見極め、不得手なところは他と連携し、補い合ってトータルで「何でもやる」姿勢をつくる。自律した者どうしの高次元の協働、相互依存を大切にする。

◆究極の困難に遭遇すれば、小さくなって壁のすき間をくぐり抜けるのもよしとする。次の機会によい方法を見つければよい。

（2）ワンマン独裁型リーダーをどのようにフォローするか

ワンマン独裁型リーダーの組織では、圧倒的な力関係でトップダウンの組織運営がなされます。そこには多くにリスクがあり、長期化すれば弊害が顕在化してきます。独裁的権力の持続は必然的に堕落を生み、ワンマンリーダーの情報的孤立化、防御態勢化、偏執的行動により組織の改革、革新は止まります。この一般則に当てはめて現状を分析します。また、独裁体制が強化されると部下による忖度が蔓延します。そうなると独裁者を守るためにも、自分を守るためにも隷属的イエスマンは必ずウソをつく。そのウソがばれるのを恐れてウソを重ねる。ワンマンリーダーも巻き込んだウソの連鎖がどんどん事態を悪化させていきます。

強力なトップダウンの効率性を残しながら、どのようにして実質的に健全なミドル・アップダウン・マネジメントに修正し、メンバーの創造性を活かし、組織の創造性を高めるか、を考えなければなりません。組織の創造的活力を高めるためのワンマン独裁型リーダーに対するサポートを考えるとき、フォロワーは次の難しく大きな二つの課題に直面します。

①集団催眠からの覚醒

ワンマンリーダーの高圧的なパワーでメンバーは集団催眠にかかっているように、自分では何も考えられず、リーダーの指示のみを頼りに行動している。この状況から一人ひとりが目覚めるにはどうすればよいのだろうか。

②忖度が勢威をふるう組織風土からの脱却

絶対的権力者の周りにはこびへつらい、気に入られようとする者たちが集まる。何人かのフォロワーたちは自発的隷属で地位と利益を得ている。保身に走る彼らは権力者の望む通りに物事を考え、権力者を満足させるためにその意向をあらかじめ汲み取って発言する。この忖度が勢威をふるう状況は支配と隷属の結果といえるだろう。隷属するフォロワーたちはワンマンリーダーに対して卑屈な態度を示し、戦う勇気と創造的活力を失う。その一方でメンバーに対しては、絶対権力者への忖度を身にまとって支配欲を満足させようとする。こうして忖度がまかり通る、独裁的支配の組織風土が形成される。そこには組織全員の目的・目標のために、そして自分自身のために、自由闊達な環境での創造的発想、そして互いに切磋琢磨して学ぶ空気は生まれない。

ではNo．2フォロワーとして、この共通点の多い二つの課題、「集団催眠からの覚醒」

と「忖度の組織風土からの脱却」にどのように取り組むか、次にその対応策を考えるときの視点を取り上げました。

◆物事の事実関係を明確にする。そしてその本質的要素の理解に努め、それを組織で共有する。

◆メンバーの現場判断に基づく提言がワンマンリーダーの意にそぐわない場合、ワンマンリーダーとの間に立つフォロワーとして「自分が引き受ける」といえる胆力を持つ。後は仲間との連携、根回し、報・連・相の手腕、説得の方策、納得を得る交渉術を考える。

◆個人の創造的発想を抑圧し押しつぶす独裁者がいる限り、人は周りの人たちに対して思いやる心をなくし、組織力は低下する。独裁統治は独裁支配を容易にするために、グループ・チームを分断し、有能レベルの人材を分断するからである。フォロワーはどのような状況でも自分を見つめる余裕の時間を持ち、自己の内なるものと他への誠実さは失わない。

◆偏ったリーダーシップで閉塞状態に陥った組織で、山積みとなっている課題にどう取り組むか。まずは多くの課題を「コントローラブル」のものと、「アンコントローラブル」

のものとに分類する。そしてともかく「コントローラブル」で重要度の高い順に、組織の主力を投入し集中して取り組む。並行して「アンコントローラブル」だが重要度の高い課題に対しては、フォロワーが率先して解決の方策を模索する。

◆「逆命利君（命に逆らいて君に利する、之を忠という）」の強い意志を持つ。本当の忠誠心とは、上司の命令であっても、それが組織のためにならないと判断すれば、上司への反論になっても、あえて正しいと思うことを言う。それが結果的に上司の利になると考えるからである。また組織全体がワンマンリーダーの意向に注目しているとき、一人「奴雁」となって視線を高く持ち外の世界を広く見る。そこから得た情報からの提言に当たっては、正面から攻めるのではなく、まさに「逆命利君」に沿いながら、ワンマンリーダーにとって「損を免れ得ること」「利をなすこと」の意味を即座に理解し納得できるように資料を作成し説明する。反論があっても即座に否定するのではなく、交渉術の一つである「Yes, but……の法則」もうまく使う。

◆組織の全体最適とリーダーの利を考えた末の「逆命利君」であっても、正しく評価されない場合も多い。「逆命」の印象が残り排除の対象になることさえある。これはフォロワーとして本意ではないとすれば、組織の中での生き残りの方策も考えておかなければならない。そのための四点を示しておきたい。

・ワンマンリーダーへの「報・連・相」を密に行う。古典的なごますり策だが、いつの時代でも上司は部下からの「報・連・相」をじっと我慢して待っている。この強い欲求を満たすコミュニケーションの中で「逆命利君」の根回しも怠らない。

・会議では忖度の範ちゅうでも、常連のイエスマンとは異なる「オー！」と思わせる意見を述べる。センスと教養を背景にしたユニークさを意識する。

・ユニークな発想と実践力、人を巻き込む人間力で、他とは代替できない人材として存在感を確立する。

・組織内外の飲み会などのコミュニケーションの場には参加する。うわさ話や人事情報にもアンテナを拡げる。社内の人的ネットワークの構築を意識する。人事部など、外からの支援で救われることがある。

◆ワンマンリーダーを囲むイエスマンの実態は、一人ひとりがワンマンリーダーとの直接的人間関係を築いていて、イエスマン間で絆を結び連携しているわけではない。彼らは互いにライバル関係にある。フォロワーはイエスマンの一人ひとりの特性に対応して彼らの意識を変える方策を考える。例えば、誰も反対できない一般的に認められている理論、あるいはワンマンリーダーが指示する抽象的な取り組みに対して、その本質を徹底的に掘り下げ、出てくる課題に対して担当するイエスマンを支援し、解決策に取り組んでいく。その過程で現場の事実を確認し合い、課題を共有し、これまでの指示、命令とのギャップを共感・共有し現状への危機感に発展させる。ワンマンリーダーの大枠での意向通りなので抵抗はない。しかしそれは、ワンマンリーダーの能力を超えた取り組みであることが誰の目にも明らかになっていく。このような取り組みの積み重ねによって、ワンマンリーダーと部下との支配と隷属の関係が緩み、組織文化にも変化が出てくる。

◆イエスマンがワンマンリーダーに隷属していることを感情的に認識したとき、本来の自我とのギャップを少しずつでも感じるようになる。そのとき受動的意識から徐々に離れていく自分に気付く。自分以外の上司の本性を表現してきた忖度の状態から、自分の本性を表現したい欲求が増していく。

（3）「組織の政治性」の排除に静かに挑む

組織には派閥間対立や主導権争いが生じます。例えば経営中枢リーダーの権力闘争に部門組織が巻き込まれ、部門リーダーが組する勢力には対立する勢力からの妨害が入ります。また中枢リーダー間の対立が部門の主要メンバーにも波及して、組織内でも対立関係が生じる場合があります。組織内においてもリーダー派と反リーダー派の対立や、イノベーション推進派と抵抗勢力派との対立、フォロワー間のメンバーを巻き込んだ主導権争いもあります。いずれにしても「組織の政治性」が勢力をふるうと、暗い内向きだけのコミュニケーションになり、組織の成果より自分の立場が主題になっていきます。これでは組織の改革、革新は考えられません。「組織の政治性」排除の方向を模索するために、次の三点は記憶しておきたいと思います。

◆事実を明確にし、事実を背景に議論する。組織の「当たり前」を追究し、明らかになった「当たり前」に共感し、共有する。

◆両派閥の論理を明確にし、両者を「両利き思考」で受け入れ、後は全体最適・未来志向から判断する。

◆人への目利き力を活かす。派閥リーダーと有力メンバーの資質を見つめる。有能レベルを持続できるか、企業・組織を健全な方向に背負って立てるか、と人物像を見極めた上で「組織の政治性」の早期排除を目指して、対立抗争に静かに入っていき有能レベルのリーダーを支援する。

（4）ペアのパートナーシップを核に組織改革を拡げる

「よきフォロワーはよきリーダーになりうる」といわれることがありますが、この可能性は高いとは言えません。フォロワーはリーダーとしての責任を背負ったことがないからです。逆に「よきリーダーはよきフォロワーになりうる」ということの可能性は高いと考えます。リーダーの目線で上司のリーダーシップを分析し、リーダーシップの偏りを補うことができるからです。自分自身が無能レベルのリーダーに陥った反省を活かし、フォロワーという立場であっても高いレベルのリーダーシップで、リーダーをサポートする意志を固めます。しかしそのためには自分一人の力では不可能なところもでてきます。どうしても仲間と連携して、自分を超えた状況をつくり出す必要が出てきます。活動の核になるチームづくりを考えるとき、チーム構築の最初のステップは、チーム最小単位である「ペア」の形成です。そのあと「トリオ」になり、さらに状況に応じて人数を増やしていきます。チーム力を最大化するためには、規模によってリーダーシップのあり方を変えなければなりません。チーム規模に対応する運営方式の理解がないと、組織は混乱します。フォーマルにもインフォーマルにもチーム構築の考え方は同じです。ここで状況に応じたチームの適正規模について、『超チーム力：会社が変わるシリコンバレー式組織の科学』から引用、要約して紹介したいと考えます。

○ペアのパートナーシップ

ペア成立には大きく四つのパターンがある。それぞれの特性を紹介する。

・場面によってできるペア

緊急事態発生時や危機突破時のペアで、攻・守を分担する。

・類似性によってできるペア

専門性や性格が異なる二人が刺激し合い、分担と相互依存を深め、互いに成長しながら課題に挑戦していくパターン。もう一つは、信頼関係が揺るぎない二人が、協働力、集中力、エネルギー量を抜群のレベルで発揮するパターン。

・個々の差を補完し合うペア
アイディアマンと実務家、外向性と内向性、芸術的と現実的、など。互いにリスペクトし合って協働し補完し合う。

・不平等（立場の違い）を前提にしたペア
上司と部下、師匠と弟子、「出る杭の人」と「出る杭を守り伸ばす人」など。経験知と新しい知識・技術との交流で創造的な発想が期待できる。また有能レベルの人材に対する支援・保護の協力関係をつくり出す。

○トリオのパートナーシップ

・「２＋１」のトリオ
中心ペアの補完的スキルに、三人目がプロジェクトに必要な専門力を持って加わる。このトリオは安定しており、最もうまく機能する。

・パラレル・トリオ
（A＋B）＋（B＋C）のように一人のメンバー（B）が中心になって連携する。
・シリアル・トリオ
（A＋B＋C）のように、三人が異なる役割を持ち、直列的に連続してバトンタッチしながら目標に挑戦する。

○チームの適正規模

・7±2のチーム：大きな適応力、機動力、団結力、多様性を発揮しうる。
・15±3のチーム：サブリーダーを置く最小規模組織。
・50±10の組織：ベンチャー企業。大企業では「課」や「部」の単位。トップリーダー、グループリーダー、チームリーダーの三層の管理体制。
・150±30の組織：管理体制は四階層。

（５）ＰＤＣＡサイクルを評価基準にして組織運営をチェックする

日常活動の進捗状況をＰＤＣＡサイクルが軌道に乗って回っているかどうかで評価します。何度もくり返しますが、特にＣ（結果検証）では事実関係がきっちり見えているか、その上で結果の的確な分析ができているか、またＡ（計画の修正）では結果の解析から課題の本質に迫っているか、知識の収束と発散をくり返す思考が活かされているか、創造的な発想が織り込まれているか、を組織として丁寧に見ていきます。そしてＰＤＣＡサイクルがスパイラルアップしているか、スパイラルダウンしているかを見極め、この評価結果によって次に打つ手が決まってきます。

（６）ファシリテーター、コーチとしての機能を発揮する

混迷の時代にあっては単純な思考で組織の戦略・戦術を決めることは難しいことです。目標を決めても実施段階で壁に突き当たることはしばしば起こります。不透明な状況はメンバー間の意見の食い違いや軋轢を生みやすく、組織運営のスピード感が鈍る原因にもなります。フォロワーはリーダーの意向を汲み取り、同時にメンバーが理解しやすい形に加

工しながら、組織の方針を現場に浸透させる役割を担っています。一方で、組織の目的に対応する方向でメンバーの衆知を集める役割もあります。この組織の方針を徹底させる議論と衆知を集める議論に、フォロワーはファシリテーション機能も持って対応します。このような組織内の知識の交流に寄与して、リーダーの統率力を支援するNo．2的役割は、シニアミドルにとって適任だと思います。

また上司、メンバーから頼まれる人、尋ねられる人、相談される人の存在は貴重です。フォロワー各自のキャリアを活かして、それぞれに担当分野で上司やメンバーからの相談に応じます。誰でも分からないことがあれば何でも丁寧に教えてもらえる、話し合える、学び合える環境を意識して組織に定着させます。知の交流現場に則したファシリテーター役、コーチ役、またカウンセラー役もシニアミドルの大切な役割です。

2　参謀型フォロワーへの道筋

これまでのキャリアで、経営スタッフ部門や研究・開発部門を経験していると、参謀的役割のイメージは分かりやすいと思います。組織目標は本来練り上げられた戦略・戦術と一体のものだけれども、往々にして過去の成功体験に基づく戦略で、かつ現有の技術力・組織力・方法論でいきなり実行計画に入っていくことがあります。いわゆる「戦略は組織に従う」方向に走ってしまうということです。参謀的思考力を持つフォロワーであれば、目標に対応した戦略・戦術をいくつかの角度から検討する習慣があるはずです。大きな事業目標が細分化され、各組織に分担されると、末端ではどうしても部分最適思考が優勢を占めてしまいます。そこを参謀型フォロワーは経営者的視点で、あるいはオーナーシップの視点で全体最適思考を持ち込み、「組織は戦略に従う」視点から、目標・戦略遂行に当たって現有組織力で何が欠けているか、そこをどのように補うかといった議論を起こし、習慣的な内向き思考を外向きに拡げる役割を担っていきます。

参謀的役割を担えるフォロワーは少数で貴重な存在です。リーダーは彼らを最大限に活かすためにも、できるだけ自由度を与える運用を考えます。組織図上では、Ｎｏ．２型フォロワーがリーダーの直下に位置するのに対して、参謀型フォロワーは、組織内の小チームに属するか、あるいはラインから枝分かれした位置に置くのが適しています。

参謀型フォロワーを自任する者の義務として、常に視野を広く持ち、時代の変化、市場や業界の変化をグローバルな視点で継続的に見守っていきます。そしてプライドを持って「奴雁」の意識を持ち続けることです。

次に「参謀型フォロワー」という立場でリーダーをサポートしていくときの「行動指針」を考えていきます。

（1）経営の基本条件を念頭にユニークな戦略構想を持つ

参謀型フォロワーは組織の基本方針と次の経営三条件を念頭に、ユニークな戦略を発想していきます。

・現有事業の収益の最大化と持続性
・新製品、新ビジネスモデルの開発による事業の改革、革新
・組織機能の多様化、流動化、そして多くの要素をこなす組織構造の多元化による社内イノベーション

参謀型フォロワーもまずは「あれもやるこれもやる」ところから戦略を考えます。ただ

し「何でもやる」という指針の中でも、経営戦略との連動性から事業開発方針は選択されます。独自の新事業開発戦略を考えるときの参考に、『日経ビジネス（2022／3／28）』の「特集：勝ち残る〝変身経営〟」から「業態転換成功企業の四類型」を引用し紹介します。

■オクトパス型：　複数の事業（＝タコの足）の太さを変え、組み換え、時代に合わせて新陳代謝に取り組む。足はむやみに増やさない。

■ピポット型：　バスケットボールの足さばきのように軸足事業を固定強化し、もう一方の足で多角化を図る。

■クロス型：　異なる事業を掛け合わせ（＝クロスオーバー）、相乗効果を引き出す。強みを活かし新規事業を狙う。

■ヤドカリ型：　事業の本質は変えず、時代背景や成長ステージに応じて新たな技術やツール（＝新しい貝殻）を取り入れる。顧客への価値提供の追究がカギ。

（2）戦いは戦略、作戦、戦術の三位一体が必須条件になる

大木毅氏（文藝春秋　２０２２／７）によると、戦争を理解するには次の三つの次元を考えるということです。

・戦略：　外交・同盟政策や戦争目的・軍事目標の設定など
・作戦：　軍事目標を達成するための戦場における軍事行動
・戦術：　作戦実施の際に起きる戦闘に勝つための方策

この三位一体が勝利への必須条件であると。

（3）参謀の二つのタイプ、前衛型と後衛型を連携力で活かす

参謀型フォロワーにも二つのタイプがあります。前衛型と後衛型です。バドミントンや軟式テニスの前衛と後衛のペアの役割を考えると分かりやすいと思います。

・前衛型：　チャンスに乗じる柔軟な発想と素早い行動力を特徴とする。ひらめきタイプで創造性に優れているが、失敗リスクは高い。
・後衛型：　戦いには準備を整え、相手の仕掛けを待ち、こちらからもわなを仕掛けてチ

ャンスを伺う。相手を崩し、前衛型の出番となる決定的チャンスをつくる。

堅実タイプで論理的思考に優れ、粘り強い。責任感が強い。

この二つのタイプの組み合わせが相乗効果を発揮したとき、強力な参謀力を生むことになります。一般的に前衛型の人材は昇進競争では早くに挫折し、後衛型人材の方が昇進確率は高いと考えられています。経営中枢リーダーのほとんどは後衛型のため、参謀型フォロワーの戦略提案も後衛型参謀の意見が採用されやすいはずです。しかしＶＵＣＡの時代では、想像を超えるアイディアが求められています。物事の表・裏、時代の前・後といった二面性から課題解決策を模索していくとき、どうしても前衛型視点と後衛型視点とを明確にし、その上で両者を組み合わせ、統合してユニークな戦略を練り上げる必要があります。

（４）目標作成には最高と最悪の状態を想定する

目標は一般的には期待値を基に設定し、実行計画を作成していきます。そのとき表面からは見えにくいところに大きな障害があることが多くあります。壁があることに何となく気付いていても見ようとしないために、その詳細は目に入りません。現実には物事の状況が明らかになるにつれて壁が大きく立ちふさがり、挫折に追い込まれます。この対策として示唆を与えてくれるのが「心理対比」です。心理対比とは「目標を立てるときに「最高の状態」とあわせて「最悪の状態」も想定すること」です。目標設定時にポジティブ思考だけではリスクは大きく、最悪の状態も先読みして備えることの大切さを教えています。

（5）関連部門間、グループ間の「共進化」を視野に入れておく

「共進化」とは「密接な関係を持つ複数の種が、互いに影響を及ぼし合いながら進化すること」で、その例として、植物食恐竜トリケラトプスと肉食恐竜ティラノサウルスの共進化がよく知られています。「獲物となるトリケラトプスは防御のために巨大化し、巨大になっていく獲物を狩るティラノサウルスも狩るために巨大化した」というものです。ビジネス社会でも新製品開発競争で競合企業が共進化することはよくあることです。また製造企業と販売企業が連携して、新製品開発と新ビジネスモデル開発に、協働と競争の原理に従って切磋琢磨し共進化することもあります。社内でも、研究開発グループと営業グループ、技術開発グループと製造部門、フォロワーでもNｏ．2型フォロワーと参謀型フォ

ロワーなどでの「共進化」の意義は容易に想像できます。「共進化」は事業のイノベーションにも持続的成長にも重要なキーワードになります。

（6）強力な権力者、敵対者には「ジレンマ作戦」を仕掛ける

強力な権力者、敵対者の支配構造から脱却したいと考えるとき、どのような方策があるのでしょうか。強大な権力者を批判し対峙しても、権力者の圧倒的に強い力で潰されてしまいます。目に見えた対立関係を避け、権力者のビジョン、目的の大きな枠の中で、権威をおとしめ、絶対的支配力を弱め、メンバーの集団催眠から覚醒を促す策を考えます。

その一つの作戦として「ジレンマ作戦」があると考えています。強力なワンマン独裁支配に弊害が出ている場合、次の二つの例を参考に、周到な戦略を立てた上で、「ジレンマ作戦」を考えてみる意義はあると考えます。

「ジレンマ」の解説文を三省堂スーパー大辞林から引用すると、「自分の思い通りにしたい二つの事柄のうち、一方を思い通りにすると他の一方が必然的に不都合な結果になるという苦しい立場」を意味し、「例えば、前に進めば虎と出会い、後ろに退けば狼と出会

う。しかし前に進むか後ろに退くかしかない。従って虎と出会うか狼と出会うかであり、いずれにしても困った結果となる」ということです。

相手にとって二つの選択肢を示し二者択一を迫ることになります。そのときどちらを選択しても結果的に相手にとって不利になる状況です。この「ジレンマ作戦」を戦略的に活用することを考えます。次に二つの例を考えてみました。

①ワンマン独裁型カリスマリーダー体制下での「ジレンマ作戦」

ワンマン独裁型カリスマリーダー体制で独善支配の弊害が出てきたとき、「ジレンマ作戦」で独裁体制への揺さぶりをかける。周到な戦略を立て、自分の方の強みを活かし、独裁者側の弱点を突くことになる。

参謀型フォロワーと次世代リーダーを中心にした有志連合は、独裁リーダーが指し示す中長期的ビジョンの視野の中で、創造的発想で先端技術の導入を必要とするテーマを企画し独裁リーダーに提案する。事業の将来構想として魅力的だけれども専門知識を要し、独裁リーダーではとても理解できない領域のテーマであることがポイントになる。適度に賛同者を事前に確保して、組織内の大きな関心事に高めておく。独裁リーダーは承認するか、否認するかしかない。「ジレンマ作戦」としてどのように展開するのだろうか。

○独裁リーダーが提案を「承認」した場合

外部からプロフェッショナルやスペシャリストの採用、先端技術研究機関との提携、施設の改造、幅広い人材確保など、経営資源を投入して目標に向かって進めることになる。しかしこれではとても独裁リーダーの既存の支配領域を超えてしまう。さらには結果的に成功も失敗もある。むしろ失敗リスクの方が高い。それでも技術の進化、市場の変化の空気に押されて、提案を「承認」した場合、まずは開発体制を構築する上で、経営中枢とは資金面、開発戦略構想で摩擦が起き、メンバーとは開発システム、先端技術獲得戦略で摩擦が起き、この段階で絶対的権力者の権威は低下していく。そこを何とかやり続けると、成功、失敗の結果が出てくる。そこで、いずれにおいても独裁リーダーの独善的支配は緩む方向に進んでいく。

■成功した場合：　提案者、プロジェクトリーダーとメンバーの発信力、判断力、実践力の評価が高まる。独裁リーダーが実質的にほとんど関与できないままの成功は、独裁カリスマリーダーのカリスマの部分ははげ落ちる。経営中枢からも次世代リーダーでやっていけると認識され、同時に高い評価を得た独裁リーダーは、他の事業のV字回復の使命を帯びて転出していく。

■失敗した場合：　失敗までのプロセスで、小さな成功と失敗をくり返す。状況が少しずつ見えてきて、ネガティブな方向に進んでいても、関係者は常に一発逆転はありうる、やり残していることはある、と粘り強く取り組む。独裁リーダーも「サンクコスト（埋没コスト）効果」でやめられない。深みにはまった後、外部での評価も得られずプロジェクトは解散する。失敗に終わった場合、提案者、プロジェクト関係者への評価は低下する。人事異動で転出者も出てくる。しかし組織の大きな目標に沿って先端的で難しいテーマに挑戦し、目標への展開プロセスが評価された人材は、全社的には放置されない。どこかで再挑戦の場が与えられる。しかし独裁リーダーは責任を取らされ転出していく。

○独裁リーダーが提案を「否認」した場合

独裁リーダーの否認理由を明快にし、その賛否の議論を巻き起こす。この議論が経営中枢にまで届くことが望ましい。独裁リーダーの拒否理由が「内容が理解できないから不安だし、責任を持てない」「外部から人が入って来たりして管理できない（実質は独裁カリスマ支配ができなくなることを恐れている）」といったことであれば、それはリーダーの個人的理由にすぎない。当然経営に提示した中長期ビジョンの放棄につながる。本来具体化できる事業ビジョンではなかった、単なる願望だったのかと、疑問として残る。提案されたテーマは独裁リーダーの指し示したビジョン領域のテーマであるのに、どうして挑戦しようとはしないのか。議論が進めば進むほど、独裁リーダーのカリスマ性は剥げ落ちる。イノベーション・リーダーシップは無理だ。リーダーの決定的条件である、論理的決断力に欠ける。これは明らかに「ピーターの法則」でいう無能レベルに陥ったリーダーということになる。いずれ有能レベルを維持しているリーダーに替わっていく。

このように進めば、独善に陥ったワンマン独裁型カリスマリーダーがいずれの選択をしても、権威と支配力は下降し、去っていくことになる。ただし大事な点は、参謀型フォロワーと次世代リーダー中心の有志連合が提案したテーマが、一般には理解できないほどの高いレベルで、「強み」といえるものであることが必須条件になる。また大切なことは、独裁カリスマリーダーが去ったあとの組織体制を考え、事業戦略、人材育成、システム改革など、「ジレンマ作戦」実行中においても、将来に備えた体制づくりを粛々と進めていく。この姿勢が経営中枢からの信頼につながり、独裁リーダーが去った後を任されることになる。硬直した支配体制から創造的、民主的体制に移行したいのであれば、卓越した学びと戦略構想力を必要とする。

ジレンマ成立の一般論を少し付け加えると、ジレンマの成立には強力な権力者、敵対者側に何らかの「弱み」があり、一方で味方の方には明確な「強み」がある場合と、社会的客観情勢に「圧倒的に強力な何か」があり、それを利用する場合です。

先の例でいえば、権力者の「弱み」は「先端知識・技術についていけない」ことです。作戦を仕掛ける側の「強み」は「先端知識・技術を新製品開発に応用するアイディアを持っている」ことです。次に後者の「強力な社会的客観情勢」を利用したジレンマ作戦の例を考えることにしましょう。

②独裁型権威主義国家体制下での「ジレンマ作戦」

独裁型国家体制下で独善支配の弊害が出てきたとき、変革を求める民衆が「ジレンマ作戦」を仕掛ける。独裁者側と対決するのではなく、独裁体制下での弱点が顕著に現れる社会情勢の変化を見定めた上で、国家経済の発展と国民の健康と生存権の確保という、独裁者と同じビジョンを掲げて決行する。

この例での社会的客観情勢における「圧倒的に強力な何か」は、「新型ウィルスの感染爆発」とする。新型ウィルスのパンデミックで感染拡大が深刻化しているにもかかわらず、医療体制が不備で国産ワクチンも信用されていない独裁国家について考えてみよう。独裁者側の「弱み」は、これまで権力基盤を固めるための強権発動を散々してきた独裁政権が、「医療体制の整備に強権を行使して来なかった政治力の偏り、そして国外製でも有効性の高いワクチンの導入を拒んだ権力行使の頑なさ」である。作戦を仕掛ける側の「強み」は、独裁者の言うことを聞かない「新型ウィルスの強力な感染力」という客観情勢である。感染拡大防御のロックダウンをいつまでも強制していたら、市民生活は崩壊し、経済活動は麻痺して国家経済成長率は急降下する。一方で医療体制が不備なまま感染防止政策を解除してしまうと、一気に感染爆発が起こり、生産活動が軌道に乗ることはこの場合も難しく、後遺症に苦しむ人、死者も急増する。この状況下で作戦を仕掛ける側の民衆の一部は、国家経済の発展のために感染防御体制の解除を訴え、また民衆の一部は、国民の健康と生き残りのために、感染の押さえ込みと医療体制の充実を訴える。国家、国民のために、これまでのような強力なリーダーシップを独裁者に求める。この点において独裁者のビジョンとの乖離はない。追い詰められた状況で独裁者は何らかの政治決断をしなければならない。しかし感染防御体制を強化しても、解除しても、いずれの選択においても国家経済は下降し、国民の生活格差は拡大し、政治不信をまねく。政治責任が問われ、独裁者の権威と権力は衰えることになる。このジレンマ作戦で少なくとも独裁政治家としての権威は失墜する。

（7）課題の解析と解決策、課題発見には、まずは帰納法的思考で臨む

演繹法思考、アブダクション（ひらめき）思考はいずれも大切です。しかしフォロワーという立場から、課題の解析と解決策、そして新たな課題発見に、まずは帰納法で考えま

す。帰納法的思考が最も堅実だからです。

日露戦争の日本海海戦における連合艦隊参謀、秋山真之は帰納法の参謀といわれ、徹底した帰納法的思考で作戦を考えたといわれています。アメリカでマハン海軍大佐からアメリカ・スペイン海戦での戦略・戦術を学び、また「能島流海賊古法」から学んだ村上水軍の戦法を日本海海戦で活用したことはよく知られています。その他にも古代からの戦史、陸軍の戦法や教訓も学び、海軍への適応を考えたといわれています。

（8）「忍者」の知恵を学ぶ

忍者がどのような修行をし、どのような知恵を身につけていたかは、興味あるところです。部分的に知り得た彼らの知恵のいくつかを見ておきたいと思います。

・「聞き上手」になって情報を得る

相手の自慢話を喜んで聞く。世間話で相手を持ちあげ、機嫌よく話させる。論破してはいけない。相手のプライドを傷つけない。自分も話題を持っていて質問力が大切。何気ない話の中に物事の本質を見出していく。相手の論理を汲み取る。

・人物への目利き力を養う

人の行動を見て、自分もそれと同じ行動をイメージしてみる。また人の表情から行動までを徹底的に観察して、相手の思考、行動の判断基準を想像する。こうして人の心の中に忍び込み相手の本当の思いを取り出す。この想像力を養う習慣によって、人の心を読み解くプロフェッショナルになっていく。

・心の安定を保つ

忍者は情報を持って主君のところに帰らなければならない使命がある。パニックになっては死を意味する。生き残るためには不動心が重要で、そのための三病、即ち「恐怖」「敵を侮る」「考えすぎ」を排除する。三病の克服策は「敵の情報を正しく知る」「自分の能力を正確に知る」「的確に判断し、決断する」ことで、心に余裕をつくる。また勝負のときは、今知力は充実しているかと自らに問いかけ、同じような失敗をくり返すときは、自分たちの知力を問い直す。

（9）組織の「リスキーシフト」と、逆の「コーシャスシフト」をコントロールする

「リスキーシフト(Risky shift)」とは「集団で何かを判断するとき、過激でリスクの高い意見に同調して、一人で考えていた場合より、より危険でリスクの高い判断をしてしまう心理状態」で、「赤信号、みんなで渡れば怖くない」というのは典型的なリスキーシフトに当たる。普段慎重な人もリスキーシフトにはまると、後で考えると怖くなるような、リスクの高い意思決定をしてしまう。

逆に「コーシャスシフト (Cautious shift)」は「有力メンバーに安全志向が強い場合は、集団討論によって、より安全志向で保守的な判断が強まること」である。

いずれも「集団極性化」と呼ばれる社会心理学用語で、「個人の判断や意見が集団による討論や他者との接触によって、優勢な判断や意見の方により傾くこと」を意味する。客観的に優れた意見を持つ少数メンバーも、議論が進むにつれ持論を変えて優勢意見に飲み込まれていく現象が起こる。参謀型フォロワーは、組織の集団極性化現象を見抜き、討論の場での論理の偏りをコントロールする調整力が求められる。これはファシリテーション能力の一つでもある。

（10）組織の「空気」調整力を持つ

◆組織が成功体験に湧き熱気に包まれたとき、足元のこと、将来のことが抜けてしまうことがある。そこを察知したとき、水をかける言葉と態度で冷静な状況に戻す。

◆組織の熱気に乗じて、さらなるイノベーションを加速させる一部のグループが「フロー状態」になる場合がある。その状況を見守り、穏やかにサポートする。

◆組織の沈滞ムードに対しては、ダイナミズムを吹き込む。とにかく現場に出る。あらゆる関心事に向かって行動力を促す。一人ひとりの心の開放を妨げている壁は何か。現状に情熱を注ぎ込めない原因は何か。一人ひとりと話し合い、障害を乗り越え、原因を取り除く行動を起こさせる。その前提として悩める者との共視、共感、納得、協働で信頼関係を築く中で影響力を高めていく。組織のダイナミズムの輪は核となる少数メンバーの活動から拡げていく。

◆組織活動の中には仕事上も、人間関係上もあいまいさが付きまとう。フォロワーには、メンバーのどうしたらよいのか分からない、という不安感を和らげる大切な役割がある。豊臣秀吉体制の絶頂期に、秀吉は地方大名たちに次のように語っていたといわれる。

「内々の儀は宗易（千利休）に、公儀のことは宰相（秀長）存じ候、いよいよ申し談ずべし」と。二人のフォロワーはトップ秀吉の信任を得て、利休は秘密のこと、表に出したくないこと、秀長は政治のこと、についての相談相手になっていた。利休、秀長の死後、秀吉政権は失政の道を転げ落ちる。

（11）インビジブルヒーローの心意気と覚悟を持つ

参謀型フォロワーは基本的には組織を統率し前面に立って戦うことはありません。従って短期的に明確な成果を定量的に示すことは難しいことです。創造的な戦略を立案しても、採用されないかも知れないし、採用されても短期的に目に見えて成果につながることは期待できません。人事評価は自己評価より格段に低くなります。この覚悟が参謀型フォロワーとしての活動の前提になります。

フォロワー参謀の一つの限界でもありますが、基本的戦略思考はまずは、現在の経営資源の中で与えられたものをどう使うかが勝負どころになります。しかしこの受動的思考でも、与えられた経営資源を効果的に使い切ることに徹し始めると、必然的に現状変更を伴ってきます。組織のリーダーが無能レベルであれば自分の立場を危惧し、現状維持バイアスに陥っているために抵抗してきます。無能リーダーの不条理との静かな戦いに入っていかざるを得ません。

昇進という価値観を捨てインビジブルを覚悟しているが故に、すべてを捨てる覚悟で一撃に賭ける乾坤一擲の勝負に出ることさえあり得ます。しかしこの場合も静かにインビジブルに。あくまでも時間をかけ、戦略的に、機が熟すのを見届けながら、あくまでも「水の如く」柔軟に、弱弱しく、そして時に強い意志を持って自己の内なるものを貫きます。自らを参謀と称している以上、全体最適思考に沿った組織改革、事業革新を戦略的に考えることは当然の役割と自覚し、正しい判断能力を体得するために学びを継続し、自らを研磨していきます。そこには共感する者が集まってきます。自分自身が組織を変えられなくても、後進の彼らが大きな力になって組織を変えていきます。人材育成も当然シニアミドルの大切な役割です。

第九章　シニアミドルの「グレイト」リーダーへの道筋

中堅リーダーまで昇進を重ねてきて、さらなる昇進願望を持ち続けていたにもかかわらず、「ピーターの法則」でいう無能レベルに陥っている自分に気付いた今、あるいは無能レベルの評価を受け、はじめての大きな挫折を経験した今、状況を謙虚に見つめこの先どの道を歩めばよいのか、自分自身に問いかけることになります。スペシャリストの道、プロフェッショナルの道、フォロワーの道もありますが、自分はリーダーの道にこだわりたい、リーダーのポジションに残れるなら無能レベルを脱却して新しいリーダー像に挑戦したい、と考えるシニアミドルはいます。また自分の意志とは別に人事異動で、他の部門、部署のリーダー職での移動があります。海外事業拠点への移動先、関連会社への出向先で経営中枢リーダーを命じられるシニアミドルもいます。能動的でも受動的でもリーダー職を継続する場合、これまでの自分から脱皮して有能レベルのリーダーに挑戦する決意が必要です。大切なことはリーダーとして無能レベルに陥ったとき、何を学んだかということです。価値観に変更がなければ変わりようはありません。根源的な価値観の転換が必要だと考えます。例えば、「昇進」という価値観から、「自己の成長と企業・組織への貢献」への価値観の転換を考えます。そこに無能化した原因を克服するキッカケをつかみ、自己実現を求めて、企業・組織と自己の win-win の関係を構想します。

現在のビジネス社会は、中小企業や海外事業拠点での経営中枢リーダーの需要は拡大しています。大企業のシニアミドルが関連会社への出向や海外赴任した場合、一般的にはそこでの職位は課長、部長から常務、専務、社長クラスにランクアップします。そこで経営中枢リーダーとして担当する職務は一変し、職責は一気に拡大します。社会的使命感もより強く持つ必要があります。これまで一つの部門、部署だけのリーダーシップ、マネジメントを考えていた中間管理職気分のシニアミドルが、突然会社全体を対象にした経営中枢リーダーに転進することを意味します。特に技術系のシニアミドルが関連会社に出向して役員や社長に就任した後、財務や人事、労務、法規制等に悩まされ、ここでも早々と無能レベルに陥ることがよくあります。

日本企業のＣＥＯは文系出身者が80％なのに対して、アメリカでは逆に80％が理系だといわれています。ただしアメリカの場合、かなりの理系出身者は10年程度働くとビジネススクールに通って経営を学び、技術一辺倒から脱皮します。日本企業においても理系・文系に関わらず、中堅リーダークラスで一度経営をしっかり学ぶシステムが一般的になることが望まれます。

無能レベルに陥っていると自覚したシニアミドルが、無能レベルから脱却し、低迷している現状から鮮やかに脱皮したいと考えるとき、どのようなリーダー像を描けばよいのでしょうか。彼らは一般的に言われるリーダーシップ力、マネジメント力は持っていて、それ故に上級リーダーまで昇進してきているのです。そのさらに上位のリーダー像とはどのようなものでしょうか。ここで各自が自分の現在位置を確認する必要があります。シニアミドルのイメージは、チームリーダー、課長、グループリーダー、部長です。随分広い層を対象にしています。従って各自の現状認識は大幅に異なるものです。そこで各自の現在位置を次に示す五段階像から確認してください。

ジェームズ・Ｃ・コリンズは著書『ビジョナリーカンパニー②飛躍の法則』の中で、最高レベルの経営者として「第五水準の経営者」像を掲げています。「第五水準」の意味を理解するために、第一水準から第五水準までの段階像を転記して紹介します。

第一水準：有能な個人

才能、知識、スキル、勤勉さによって生産的な仕事をする。

第二水準：組織に寄与する個人

組織目標の達成ために自分の能力を発揮し、組織の中で他の人たちとうまく協力する。

第三水準：有能な管理者

人と資源を組織化し、決められた目標を効率的に効果的に追求する。

第四水準：有能な経営者

明確で説得力のあるビジョンへの支持と、ビジョンの実現に向けた努力を生み出し、これまでより高い水準の業績を達成するよう組織に刺激を与える。

第五水準：第五水準の経営者

個人としての謙虚さと職業人としての意志の強さという矛盾した性格の組み合せによって、偉大さを持続できる企業を作り上げる。

私が取り上げている無能レベルに達したシニアレベル層とは、ここに述べられている「第三水準：有能な管理者」あるいは「第四水準：有能な経営者」にまで昇進し、この職位が有能レベルから無能レベルへの最後の昇進となり、現状に頭打ち感を持ち苦悩している人たちです。自己変容なく、第三水準あるいは第四水準までの実績を基に現状に留まり続けようとすると、状況変化に対応できなくなることは容易に想像できます。関連会社への出向、海外拠点への移動となれば、必ず一水準高いレベルが要求されるからです。第三水準から第四水準へ、そして第四水準を超えて第五水準への道筋が、出向先、移動先で求められる有能な経営中枢リーダーへの期待です。部門内に留まった場合でも、他部門に異動した場合でも、リーダーの職位を継続する限り、同様に現在の水準から一つひとつ水準を上げていくことが、シニアミドルの無能レベルからの脱却策です。

コリンズのいう「第五水準のリーダーシップの二面性：意志の強さと謙虚さ」をもう少ししっかりと把握するために、少し長くなりますが、彼の著作から引用します。

○職業人としての意志の強さ

・素晴らしい実績を生み出し、偉大な企業への飛躍をもたらす。

・どれほど困難であっても、長期にわたって最高の実績を生み出すために必要なことはすべて行う固い意志を示す。

・偉大さが永続する企業を築くために基準を設定し、基準を満たせなければ決して満足しない。

・結果が悪かったときは窓の外ではなく鏡を見て、責任は自分にあると考える。他人や外部要因や運の悪さのためだとは考えない。

○個人としての謙虚さ

・驚くほど謙虚で、世間への追従を避けようとし、決して自慢しない。

・野心は自分個人にではなく、企業に向ける。次の世代に一層の成功を収められるように後継者を選ぶ。

・成功を収めたときは鏡ではなく窓の外を見て、他の人たち、外部要因、幸運が会社の成功をもたらした要因だと考える。

・静かな決意を秘めて行動する。魅力的なカリスマ性によってではなく、主に高い基準によって組織を活気づかせる

またスティーブン・R・コヴィー著『第8の習慣』には、『7つの習慣』に示された「成功を導く七つの習慣」を踏まえて、そこから一段高次元の「第八の習慣」を述べています。まずは「七つの習慣」を見てみましょう。七つの習慣は、人間の成長過程を支えるもので、「依存」から「自立」へ、そして「相互依存」へと成長していくとして、人間の成長の連続体である七つの習慣を次のように述べています。

依存状態から、

①主体性を発揮する　②目的を持ってはじめる　③重要事項を優先することによって「私的成功」を修め自立する。

自立状態から、

④win-winを考える　⑤理解してから理解される　⑥相乗効果を発揮する

ことによって「公的成功」を修め、**相互依存状態**へと成長する。
そしてこれらの習慣のすべてを取り囲んだ七番目の習慣は、⑦刀を研ぐ、である。
六つの習慣を可能にする刀を研ぐ時間をとる習慣である。
そして『第8の習慣』に記されている「**第八の習慣のスイートスポット**」は、
■個人の偉大さ：　自制心、情熱、良心、七つの習慣
■リーダーシップの偉大さ：　リーダーシップの四つの役割［規範になる（七つの習慣によって）、方向性を示す、組織を整える、エンパワーメントを進める］
■組織の偉大さ：　ビジョン・ミッション・価値観［明確さ、コミットメント、行動に落とし込む、相乗効果、成果を上げる環境整備、アカウンタビリティ］
この三つの輪が重なるところであると。

これら先人の説く優れたリーダー像をイメージした上で、無能レベルで混迷しているシニアミドルが、有能レベルのリーダーに自己変容を遂げようとするとき、参考にしてもらいたい行動指針を考えていきます。シニアミドルの幅広い層から、最初は、コリンズのいう「第三水準：有能な管理者」の段階で無能化している場合で、「第四水準：有能な経営

者」に対応する「有能なリーダー」への道筋に挑戦して現状打開を図ります。二つ目は、「第四段階：有能な経営者」の段階で無能化している場合で、「第五水準：第五水準の経営者」に対応し、第八の習慣を持つ「グレイトリーダー」を目指して現状からの脱皮に挑戦します。この二つの段階への挑戦に当たって、有効に機能すると考える指針を次に提案します。

1　シニアミドルの「有能なリーダー」への挑戦

無能化レベルに達して悩んでいるシニアミドルが、自分の現在位置を考えるとき、コリンズの提案している「第三水準：有能な管理者」で留まっていると認識した場合、「第四水準：有能な経営者」を目指した挑戦がはじまります。有能なリーダー像をイメージするために大切だと考える精神的な側面について次の四点を簡略に示します。なお、リーダーシップの全般的なありようについては、拙著『リーダーシップ：組織を支えるリーダーへのメソッド』を参照願います。

（1）マクロマネジメントを可能にする

まずは組織構成メンバーを考え、ＶＵＣＡの時代に即した、異なる専門性を持つ多様な人材を集めます。そのとき社会人として企業人として「自立」していることが前提になります。そしてメンバーとの信頼性を高め、権限委譲を図り、個々に展開するトライアンドエラーを大きな視点で見ることに留意していきます。こうして細やかな管理的作業を最小限にします。自立できていないメンバーに対しては、別途自立への育成プログラムを構想することになります。

従来の問題はリーダーが自分の意志を反映させた、効率優先思考でマネジメントしてきたことです。必然的に組織の一体感を重視し、リーダーは同質のフォロワーを求め、従順なメンバーを求めていました。リーダーが狭い領域だけの情報で事態を把握し、経営判断ができる企業環境の時代では、リーダーのマイクロマネジメントが効率的に機能します。しかし情報が多様化してくると狭く固まったこの管理システムは機能しなくなります。ここに気付かなければ、いつまでも変化に対応できないマイクロマネジメントを続け、無能化していきます。

一段高いレベルのリーダーシップに挑戦するためには、この無能化の本質からの脱却を決意して、細やかな管理を必要としないメンバーで組織を編成することを志向します。そして理想的なマクロマネジメントを頭においた組織運営方式を模索していきます。

（2）組織力を整えて挑戦する

何事も挑戦は大事ですが、組織能力が劣っている、整っていない段階で挑戦しても勝算はありません。メンバーの自信を失わせ、組織の士気が落ち込むだけです。では、組織能力を高め、整える方策をどのように考えればよいのでしょうか。

ラグビーの日本代表監督でもあった平尾誠二氏が説く、持続的に挑戦できる組織のつくり方を紹介したいと思います。組織力強化を図った現場指導者の実感を学ぶために、少々長くなりますが平尾氏の記述を次に引用します（日経ビジネス２００４／４／５）。

「仮に組織力が１００点満点で80点のチームがあったとしよう。そのチームの中には75点の選手もいれば、90点の選手もいる。チームとしての平均値が80点というわけだ。

そういう集まりの中で70点の選手を一人起用すると、チーム全体の力でその選手が80点のプレーを見せることがよくある。この選手の力をチーム全体が引き上げたのだ。周りの力があってのこととはいえ、その選手は自信を持つ。こういうプレーが重なって実際に成長していく。

次に50点の選手を一人起用したとする。すると、今度はチーム全体の力が一気に70点へと下がってしまう。一人のプレーヤーにチーム全体が引きずられてしまうのだ。15人でプレーするラグビーでたった一人いるだけで、驚くほどガラッと変わってしまう。彼に対する他のプレーヤーの印象は悪くなるし、彼自身も自信を喪失し、目も当てられない結果となる。

挑戦させるといっても、勝手にやらせるのでは意味がない。個々の人材に見合うレベルの挑戦をさせ、それがうまくいくように陰でできる限りサポートする必要がある。さらに、うまくいったら「やったやないか」と共に喜び、ほめることだ。そうすれば、さらに高い挑戦をしようという気になる。このくり返しで組織はさらに強くなる」

（３）メンバーの中に潜んでいるインフルエンサーを活かす

どのような組織にも、組織の健全な方向を見つめている者が５％程度は必ずいるといわれています。彼らは実務の中で誠実に正確さ完全さを目指し、物事の持続性と進歩を支えています。しかし彼らは通常大きな声を発することはなく、組織の中に埋もれているのが現実です。組織改革にリーダーシップを発揮するとき、彼らの賛同は大きな力になります。まだあいまいな多くのメンバーへの横からの示唆は、率直に受け入れられ好影響をもたらします。リーダーは彼らを発掘し育成することを心掛けます。メンバーと語り合う場をつくり、細く小さな声の中に彼らの存在を確認し、彼らの組織への視線を見て取り、共視し共感します。彼らの経験知、日頃の思いを集めることは、帰納的に集合知を高めることになります。

（４）集合知を活かす

先の見えない環境にあって、リーダーは謙虚な心で異なる意見を大切にし、「集合知」を活かす力を発揮します。リーダーの異質を受け入れる寛容さと課題解決へのひたむきさが、多様な現場情報、率直な意見を引き出し、このリーダーのいちずな態度が、組織に凛とした空気をつくり、手抜きやあいまいさの放置といった無責任な心の誘惑が抑えられます。拙著『こころで勝つリーダーシップ』に示した、ファシリテーション型リーダーシップ、共創型リーダーシップ、チーム力育成型リーダーシップを参考に、組織の状況に適合した「集合知を活かす」リーダーシップのあり方を考えてもらいたいと思います。

2 シニアミドルの「グレイトリーダー」への挑戦

シニアミドルが自分自身を見つめてみたとき、既にコリンズのいう「第四水準：有能な経営者」のレベルには達している、しかしこの段階で無能レベルに陥っている自分を感じ悩んでいるという場合は、「第五水準：第五水準の経営者」そして第八の習慣のスイートスポットに適合するリーダーへの挑戦で現状からの脱却を志向します。そのリーダーのキーワードは「グレイト」です。すばらしい業績を発揮しても人間的に欠陥を持つとか、いわゆるわきが甘い場合は、有能なリーダーだったといわれても持続的ではなく、ほとんどは何らかの墓穴を掘り、悪影響を残して退いていきます。逆に人間的には素晴らしく情に厚く部下に慕われていても、リーダーとしての先見性や統率力、決断力が乏しければ、周囲の環境が変わり優秀な部下が離れてしまうと、たちまち無能化していきます。彼らに「グレイト」のイメージは持てません。

そこで次は、「グレイトリーダー」に挑戦するときの指針を考えていきたいと思います。なおリーダーにとって「攻と守」は両立させなければなりませんが、ここでは主に「守りを固める」方を考えていくことにします。攻めの方の全般的な視点は、拙著『リーダーシップ：組織を支えるリーダーへのメソッド』を参考にしてもらいたいと思います。

（1）自己制御能力を高める

強力かつ的確なリーダーシップを発揮して組織を効果的、効率的に運営し、成果を上げてきた有能な経営リーダーも、環境変化に適応し有能レベルを持続することは難しいことです。状況変化に気付き素早く自己変容を果たして適応するためには、精神の柔軟性が求められます。一般に一流といわれる経営者からさらに抜きん出る超一流経営者は、卓越したリーダーシップと事業成果があり、さらに加えて優れた人間性があるといわれます。その人間性の基本的な要素は自己制御力だと考えます。これは第五水準の経営者に求められる「謙虚さ」、第八の習慣の「個人の偉大さ」に通じるものです。そこで自己制御力を自覚するための指針を考えてみましょう。

○感情のコントロール

対象者との距離、視点を自在に変えられることが、感情のコントロールには大切な要素になる。職場では、何かに触発されて感情的に怒りを爆発させる上司をしばしば見かける。この上司に対して、成功実績を持っていたとしても、誰も「グレイト」とは思わない。なぜ権力者が弱い立場の部下に対して怒鳴り、怒りを爆発させるのだろうか。

塩野七生氏は著書『日本人へ 危機からの脱出篇』の中で、カエサルは怒らない権力者であったこと、そしてなぜ怒らなかったのかについて、カエサルの心の内を考察している。その到達した結論を引用すると「カエサルは自分の絶対的な優越性を確信していたからだ」というものである。著者はさらに続ける、「怒りとは、怒らなければならないほどの人のところまで降りていって、その人に向き合って爆発させる感情である。カエサルは、降りていくことでその人と対等な立場に自分が立つことを拒否したのだろう」と。さらに続けて「その結果、不満があっても怒らない。それどころか、怒りを爆発させても当然な相手を弁護してやることまでした。若い部下が失敗したときでも、若いためにあせった結果だとして、部下を救っている。このカエサルに、怒りに駆られて口汚く部下を叱りつけるなどという振る舞いができるわけがなかった。そのようにすれば、無能な者と対等であることを証明するだけであったのだから」と。

有能な経営中枢リーダーへのカギは、自分の立ち位置を考えることと同時に、保身を心の内なるところの奥の奥に押し込めることである。保身が顔を出すと、自己防衛を危うくすることに不安、危険を直感して、本能的次元で怒りを爆発させると考えられるからである。

○「無意識バイアス」を意識的に克服する

「アンコンシャスバイアス（Unconscious bias：無意識バイアス）」とは「自分自身は

気づいていない、モノの見方や捉え方の歪みや偏り」である。過去の経験や知識、価値観、信念をベースにした認知や判断が、自分自身で意識しないまま、何気ない発言や行動として現れることを意味する。特に上位職リーダーの場合、無意識でいると部下を見下す態度や無視する発言となり、社員のモチベーション低下とか、ハラスメントの増加、職場のコミュニケーション不全、ひいては組織や個人のパフォーマンス低下などの弊害を生み出す。高い職位、強い権力を持つ人ほど「アンコンシャスバイアス」の影響力は大きく、高いリスクを抱えている。この原因には、自分を守ろうとする「エゴ」や、時代に合わなくなった「常識や習慣」がある。そこに不安感や危機感を呼び起こす「感情スイッチ」が入ったとき、本能的に自己防衛反応が起こり、自分を守るために感情を爆発させ、客観的思考を失って攻撃的言動に出る。「グレイト」なリーダーを目指してジャンプしようとしている者にとって、「アンコンシャスバイアス」は意識してコントロールし、さらにはこの「無意識の偏り」を無意識でも克服できている状態にすることである。

○欲望のコントロール

欲望におぼれて不祥事を起こした経営者の様子がマスコミからしばしば流れてくる。そのたびに評論家からは、人の上に立つ人は、まずは守りを固めよ、脇をしめろと言われるが、社会的に改善しているとは思われない。経営中枢にまで登りつめた人たちに、欲望のコントロールの大切さを本気で諭す人などいないのが現実である。それぞれの倫理観に任されている。

ここで「欲望をコントロールする」といっても、たちまち大きな壁に突き当たってしまう。それは人間の欲望に限りはなく、無意識でいては高まる欲望を抑え切る力はない。人間の理性は、喜び、悲しみ、怒り、罪悪感といった「情動」をコントロールできるほどの働きを持っていない。人間は欲望にはとても弱い存在であることを自覚する必要がある。経営中枢リーダーにおいても、なぜ欲望をコントロールすることが難しいかということを理解し、意識して本能的欲動をコントロールしなければならない。立派な経営者といわれた人が、内なる悪の誘惑に落ちて不祥事を起こし、マスコミに大きく取り上げられることがある。企業ブランドの維持、向上を最も大切に思っているはずの人が、なぜ企業、社員、ステークホルダーを裏切る行為をしてしまうのか、なぜ引退まで欲望を抑え、尊敬される立派な経営者であり続けられなかったのかと思う。

経営中枢リーダーが悪の欲望にはまり込む根源は、地位と権力を得て獲得した「自由度の拡大」にあると考える。自由意志は善にも悪にも動機付けを与える。善の自由は協調、共生の拡がりを生み、一方悪の自由は破壊や無責任な行動、そしてしばしば倫理的な悪をも引き起こす。自由には欲望を満たす自由と、欲望を抑制する自由がある。しかし自由への解放感は多くの場合危険を伴う方に傾く。大きな善（業績）で得た地位で獲得した大きな自由が、大きな悪をなす原因であるように思う。人間の本性として、善と悪はバランスさせるように働くといわれている。従って大善をなした人には、それにバランスさせるように、大悪をなすリスクがあることを意味する。「小善をなした人は喜び、大善をなした人は迷う」といわれるのも、善と悪とをバランスさせようとする人間の本能的な欲動を表現している。

悪い企業、悪い組織がなかなか立ち直れないのはなぜなのだろうか。その原因の一つには、自由を拡大させた権力者、権力層が悪の自由を享受し、彼らが悪の自由を組織の中堅層に伝搬しているからだと考える。悪の欲望から脱却するすべはあるのだろうか。難しいことではあるが大切なことは、他者の視点に立つ、他者への想像力を働かせる、ことだと考える。謙虚な気持ちで、反対側に立つこともできるということが、悪の欲望の連鎖を止める一つの要素になりうる。広く他者を思いやることで、自由度が抑制され制限されるからである。

経営中枢リーダーの職位まで優れた成果で築き上げた大善を、悪とのバランスで台無しにすることなく、さらなる善を目指すリーダーであってもらいたいと、部下たちは願っている。この部下たちの期待に応え、企業業績に貢献していくリーダーこそ「グレイト」といえるリーダーである。

○「サバイバルバイアス」を克服する

「サバイバルバイアス（生存者バイアス）」とは、第三章でも紹介しているが、「生き残った人だけに焦点を当てることで、実態よりよく見えてしまう、認知の偏り」を意味する。成功した要素の中で、特に隠れているところを意識的に掘り起こしておくことを促している。「サクセストラップ」を克服する大切な概念である。

経営中枢にまで昇進したリーダーは、多くのビジネスパーソンから選び抜かれたエリートである。しかし昇進競争の中で生き残ってきた人が、ここで考えなければならないことは、優れた資質、能力を持っていることは事実だとしても、生き残りには本人が認識していない隠れたところで、事業環境における幸運や、上司や部下に恵まれ彼らの支えが大きく寄与していたのかも知れないということである。生き残ってきたこれまでのビジネス人生を、自己分析することなく新しい環境でリーダーシップを発揮しようとしたとき、落とし穴にはまってしまう。経験知を基に成功戦略と思い込んでいる戦略そのままを適用して失敗する場合、これは自分の「サバイバルバイアス」に自分自身がはまって失敗したケースである。

通常「サバイバルバイアス」は成功した他人のやり方の目に見える部分だけに注目して、自分も同じやり方で成功する、生き残れると、安易に考えて失敗することで使われていて、この失敗を戒めている。

本章で対象にしている、無能レベルに陥った経営中枢リーダーは、これまでの昇進のプロセスを「サバイバルバイアス」の視点で分析すると同時に、社内外や歴史上の人物の中で目標にしてきた人、あるいは影響を受けた人がいれば、彼らも「サバイバルバイアス」の視点で分析する必要がある。成功プロセスの表面には見えていない、影の影響力の部分を想像してみることの大切さを教えてくれている。

○異見を受け入れる謙虚で寛容な心、余裕を持つ

経営中枢リーダーに昇進すると、注意してくれる人、真剣に意見を述べてくれる人はいなくなる。その状況を安易に考え「サバイバルバイアス」に気付かず、トップダウン思考を強めていくと、激変する環境変化に適応することが困難になってくる。トップダウンを的確なものにするためには、日頃から多様な人たちとの意思疎通は必須要件になる。現実に謙虚に向き合い、自分の考えと異なる思考、ドキッと刺激を受ける異見にも耳を傾け、一旦受け入れ冷静に考える時間を持つ寛容さと余裕が求められる。組織の動向や会議の空気と異なる意見を発する人は、勇気とかなりの確信を持っているはずである。リーダーはそれに反応し耳を傾ける。難しい課題に直面しても、リーダーは余裕ある態度で組織メンバーを落ち着かせ、多様な意見を求め対策を構想する。リーダーにとって自己反省力、自己変容力も一人で考えているだけでは気付きに乏しいことは否定できない。耳の痛いことも聞き入れ、虚心坦懐に話し合うことは自己革新への動機付けを強くしてくれる。多くの異見を引き出すコミュニケーション手段には二つの方法がある。

一つはインフォーマルな異見交流の場を持つことである。インフォーマルな関係性の代表は、信頼し合う相棒の存在で、このペアを核に異見交流の場を拡げていく。意識的に大切にしたいことは「問う力」と「聞く力」である。交流の場に向かうとき、問いかけたいテーマを少なくとも三つは持っておきたい。そして同じテーマで視点を変えながら何度か議論をくり返す。その間の考えを拡げ深める時間を持つ。

もう一つはフォーマルな異見発信システムを持つことである。ここでまた二つのシステムを考え、両者を異なる視点で機能させる。一つ目は参謀システムである。リーダーの統率力、戦略・作戦・戦術を支援している中堅幹部から選ばれた人たちで構成され、定期的に会合を持つ。二つ目は組織活動の結果を評価し、帰納的推論から目的、目標へ何らかの情報をフィードバックする役割を持つ評価システムである。例えば品質管理やマーケティング、安全性、環境対策、知財関連、法務といった部署から選ばれた人たちで構成され、定期的に会合を持つ。

リーダーは対立する概念を大切に取り上げ、経営上の「攻・守」の視点を織り交ぜながら丁寧に検証する。リーダーはどのような場面でも冷静にしっかりと話し合う、何度も日を開けて話し合う。このリーダーの姿勢が異見の発信、情報の交流を活発にし、物事への「探索と深化」という命題に挑戦できる条件が整う。

（2）自分のありたい姿を心の内で宣言する

心理学用語で「自己成就予言」というのがあります。これは第一章で述べているように、「根拠に乏しい思い込みであっても、思い込んでいるうちに本当にそうなってしまう」という現象です。「〜になりたい」というかなり消極的な願望ではなく、「〜になる」と明確に宣言することです。心の内で断固決めれば、その方向に意識が導かれ目標に向かって学びがはじまり、行動も変わり明らかに成長していきます。この自己変革の本気度が周りにも伝わり、アドバイスや支援が得られるようになり、想像の世界から現実の世界へと発展していくことになります。これは「第五水準の経営者」に求められる「意志の強さ」、第八の習慣の「リーダーシップの偉大さ」「組織の偉大さ」へとつながっていきます。

この「自己成就予言」はポジティブな方向にも、ネガティブな方向にも当てはまるのですが、ここではポジティブな心理効果を活用してグレイトリーダーへの挑戦を志向します。

歴史の転換期に適応するリーダーのありようを考え、高次元のリーダーへの志を明確にします。この志が「自己成就予言」への第一歩です。自分のありたい姿をイメージするために、指針となるキーワードを取り上げました。

・自己変容の四つの視点：　「技術と適応」の学びと成長、挑戦、謙虚さ、試行錯誤

・市場マインドへの三つの視点：　顧客の課題解決、事業の拡がり思考、アブダクション（ひらめき）思考で逆転の発想

・「個人と組織」を考える三つの視点：

＊個人：　限界に挑み、成長への強い欲求を持つ

＊組織：　一人ひとりの思考ギャップを大切に考える。安定思考から再建思考に転換する

＊組織文化‥　互いが補い合う僚友になる。個人と組織の win-win を志向する
・働きがいのある組織を考える三つの視点‥
＊リーダーとメンバーとの「信頼関係」
＊メンバー間の「連帯感」
＊企業・組織に対する「誇り」

これらのキーワードを参考に、無能レベルから脱皮して、新しいリーダー像に変容した自分のありたい姿を胸に抱き、その決意に本気で対峙します。自分自身の変革に呼応するように周囲の変化も出てくる、連帯できる支援者、協働者が出てくる、しかし逆風も出てきます。先の先に気付き、見えすぎる人は現実社会では阻害される場合が多々あるからです。持っている情報や基礎知識、人との出会いなど、一人ひとりのバックグラウンドが違いすぎると互いに理解し合えないからです。そこには見識を超えた「胆識」を胸の奥に秘めて対峙し、一つひとつ解決策を実行していきます。ここで「見識」とは「知識＋自分の考え」で、「胆識」とは「見識＋決断力＋断行力」、そして「断行力」は「無理や困難を押して物事を行うこと」を意味します。自己の強みを強化し、弱みには仲間との連携で補い、

その上で抵抗勢力の弱みを戦略的に突く作戦行動に出ます。

この抵抗勢力との戦いも「自己成就予言」への試練と考え、志を共有する者との連携を活かしながら乗り越えていく、その過程で自己変容を遂げ、グレイトとして認められるリーダー像に近づけると考えます。

（3）予測力を高める自己研鑽に励む

VUCAの時代にあっては予期していないことが頻繁に発生します。時には緊急事態となって現れます。一般論として課題には俊敏に反応して行動することが推奨されますが、クイックレスポンスを目的化すると拙速、早とちり、早耳の早倒れ、が待っています。好ましいクイックレスポンスは、日頃培った将来予測に基づく幅広い情報収集、分析、判断があり、その上で、突然浮かび上がった課題に対応しては、直ちに知識の「探索と深化」を両にらみして、迅速に経営決断し、組織力を結集して実践に移っていくことです。

激しい変化の時代を乗り越えていくためには、日頃から将来の変化に対する予測力を高め、そこで示唆された事態への準備力が企業、組織のスピード経営の基盤となり、持続的発展の勝負どころとなります。そこでリーダーが現状から脱皮する大きな決め手として、「予測力を高める」ことが重要テーマになってきます。そのための学びと実践の指針となる五つの視点を次に考えてみたいと思います。

○情報収集には意図を明確にする

・心の内にある使命感、信念に沿った情報の収集
・現状の不安、悩み、不満に関わる課題発見とその解決策を導く情報の収集
・幅広い分野にまたがる人的ネットワークを構築し、思いがけない示唆を求める情報の収集
・高次元のリーダーシップを発揮するために、人間の本質を理解できる情報の収集

これらの視点で情報収集する過程で、目的はまだ不明だけれども、とりあえず暗黙知のプールに入れておきたいと思える、何か気になること、何かしら面白いと感じること、などども別ファイルに入れておく。

○経営センスを磨く

経営センス、即ち経営に関わる微妙な感じや機微を感じ取れる能力、を磨くことの大切さを取り上げたい。センスというあいまいなところからこそ、あいまいな物事の本質や将来へのうねりのようなものが、見えてくるのではないかと考えるからである。「経営センス」を自己研鑽するとき、参考にしてもらいたい三つの視点を次に提案する。

・センスは仕事で磨かれる

現物を四方と前後から角度を変えてよく見る、そして見続ける。現場に足を運び、話し合いも一回ではあまりに浅い。くり返すことで互いに考える時間ができ、思考は拡がり深まる。現実を客観的に見て物事の本質に迫るためにも、既存の法則、原則、バイアスの理解は意義がある。経営センスを磨くために役立つ法則や原理として、「ハインリッヒの法則」「メタ認知」「対比効果」「共特化の原理」「心理対比」「共進化」等が挙げられる。

・センスは読書で磨かれる

実体験だけでは学びが少なすぎる。書籍に記されている膨大なバーチャル体験で補う。

先人の成功・失敗の原因を探り、歴史的評価を学ぶ。

・センスは人との出会いで磨かれる

多様な人との出会いを大切にしてネットワーク構築を考える。相談できる人、意見・異見を言ってくれる人、支援してくれる人を持つ。

優れたリーダーはセンスを磨き物事を総合的に思考する。しかしセンスを見える化することは難しい。一方スペシャリストや、プロフェッショナルはスキルを磨き、物事を分析的に思考する。スキルは見える化しやすいものである。そこでセンスのないリーダーは「見える化」に魅せられてスキルに重心を置き、マイクロマネジメントにはまってしまう。リーダーは現実に埋没しがちになる。仕事の本質的理解や読書、人との出会いからヒントを得て、経営センスの原点に立ち戻る気付きを大切にする。

○好奇心と寛容性、そしておもしろがる余裕を持つ

高次元のリーダーを見ていると、多様性の大切さを本能的に分かっている。好奇心に駆られて、あんなコトもある、こんなモノもある、と楽しそうに語り、おもしろがっている。

異質なことにも寛容性を持っておもしろがることが、実は本当にレベルの高いリーダーの条件のように思われる。好奇心がそそられる多様な物事の中に、多くの経営センスを磨く要素が含まれている。この三つの特性、「好奇心」「寛容性」「おもしろがる余裕」が、変化への素早い気付き、次々に湧き出てくる課題の解決、にセンスよく挑戦する力強さを生み出してくれる。

○法則、原則、バイアスを理解し、自らも抽象化した概念をまとめる

ユニークな発想は具体的な物事の抽象化された概念から生まれ、知的活動の本質は抽象化にある。経営における物事には、すべてにおいて人間が関わっている。従って経営を考えるとき、まずは抽象化された概念で人間の本性を理解することは必須要件になる。近年の心理学の発展を活用して、人間の思考、行動に対する法則、原則、バイアスを学ぶことは、典型的なパターンを体験していなくても、想像力でコンパクトに疑似体験できることに意義がある。

さらに進んで、自分自身の経験知を整理して、物事に対応して現れる共通的な現象を抽象的に考える。そこで得た概念を自分なりに法則、原則、バイアスのスタイルでまとめてみる。そのことでモノの見方に自分らしいユニークさが出てくる。物事の本質的理解や予測力に役立ち、積極的な挑戦の行動指針としても、的確なリスク対策としても有用になる。

○事業経営の目的をパーパスの基で大きく捉える

事業経営の使命、目的をパーパス（存在意義、あるいは社会的価値）の視点で切実感とユニークさを持って再確認、再定義する。そのことで目の前の細かい出来事に一喜一憂することなく、物事を大きな時代のうねりの中で捉えることができる。経営姿勢の一貫性と将来を予測した大きな変化との両立を可能にする。利益至上主義や過度の自己顕示欲に駆られた経営で企業ブランドを著しく傷つける反面教師は頻繁に報じられている通りである。

ただし事業経営の目的、目標にパーパスを入れたとしても、抽象的であいまいさを感じさせる。利益のような客観的価値基準では計れないからである。どうしても経営者は客観的価値基準を優先してしまう。パーパスの意義を経営に活かすには、トップリーダーの主観的価値基準に基づく強いリーダーシップと経営中枢リーダーたちとの連帯、そして全社員を含む企業文化の醸成が必須になる。

経営中枢リーダーのほとんどは利益に代表される客観的価値評価で昇進をくり返してきている。従って時代背景に順応してパーパスの旗を掲げても、本気度が問題になる。今リーダーとして無能レベルに陥っている原因が、自分らしさを埋没させ世間に迎合した、外の価値観に強く支配されていることだと、早く気付くことである。そして無能レベルからの脱却のためには、パーパスの意義を自分らしさを込めて体現することである。主観的価値観の重要度を高め、主観と客観の両価値観の両立あるいは統合を目指すことになる。そこに「グレイト」のイメージが浮き上がってくる。

おわりに

ビジネス人生の後半にさしかかった40歳代後半から50歳代に入ったシニアになると、先行き不安な何らかの閉塞感が訪れます。入社以来がむしゃらに突き進んできて、中堅リーダーまで昇進し中間管理職（ミドル）の職位に到達したところで、わずかな例外はあるにせよ、すべてのシニアミドルは「ピーターの法則」でいう無能レベルに陥ります。その原因は第一部で考察してきました。そして無能レベルからの脱却を志し、ビジネス人生での価値観を「昇進」から「自己の成長と企業・組織への貢献」に転換したシニアミドルは、有能レベルへと自己変容していきます。

過去の研究結果では先にも触れたように、高い職位まで自己変容を遂げていけるビジネスパーソンは極わずかです。60歳定年退職時代の企業社会では、大多数の無能レベルに留まっているシニアミドルも、60歳定年退職で無能レベルの期間が比較的短く、本人も企業もある意味において救われていたとも言えます。しかし65歳まで、70歳までと働く期間が長くなると、無能化している多数派のシニアミドルを放置できません。企業は彼らが負担になり、手荒い施策に打って出る可能性が高まります。本人にとっても無能レベルの長期化はつらいことです。40歳代後半に到達したシニアミドルは、50歳代、60歳代を有能レベルで過ごすために、今から自己変容を遂げることを決意する必要があります。50歳代のシニアミドルでは60歳代を有能レベルで過ごすために、早急に自己変容を遂げることになります。ここからでも決して遅くはありません。

第二部での考察を参考に有能レベルへの道筋を選択し、自己変容を成し遂げ、自分の居場所にひとまず安らぎを見出したとき、否応なくその後の長いビジネス人生を、遠くを見る目線で見つめることになります。これまで「ピーターの法則からの脱却」を目標に自らと戦ってきて、一応のレベルであったとしても、この目標を達成した今、将来に向かって何を指針として自分らしさを表現し、有能レベルを持続していけるのかと考えます。

有能レベルを持続させるために、「自己の成長と組織・他者への貢献」の価値観に乗せて、どのような指針を自らに与えていけばよいのでしょうか。シニアミドルに共通する行動指針は「生きがい」だと考えます。この指針を実務の中に織り込んでいきます。40歳代後半から50歳代前半においては、これからの20年の自分を見据えた「生きがい」を求め、その実現を考えます。物事の判断基準の一つに「生きがい」を入れることによって、自己実現への充実感だけではなく、自分らしいユニークさと説得力のある思考が加わります。50歳代後半から60歳代での行動指針は、「生きがい」に重ねて「何を残すか」だと考えます。有能レベルに転じたシニアミドルの価値観である「成長と貢献」の「貢献」をより強く意識することで、将来の組織・企業の改革に寄与する思考が強まります。その成果が在任中に実現しなくても、理解してくれている後輩がいます。のちに好ましい方向に進んでいれば、それで十分報われたことになります。

このように「ピーターの法則」でいう無能レベルから脱皮し、有能レベルをつかんだシニアミドルにとって、その後のビジネス人生の基本指針を「生きがい」において活動するとき、「生きがい」というものをどのように捉えればよいのでしょうか。次に神谷美恵子著『生きがいについて』を参考にして考えてみたいと思います。

生存理由といってもいい「生きがい」には二つの意味があると感じます。一つは「生きがい」の具体的な源泉あるいは対象がある場合です。例えば、精魂込めて市場に送り出した新製品、新ビジネスモデルに感じている状況で、「この商品は私の生きがいです」ということがあります。二つ目は、「生きがい」の具体的な柱になる何かがあるというのではなく、何らかの能動的働きかけの結果として、状況が変化したときの精神的な状況です。一般的に「生きがい」という場合は二つ目の方をイメージします。例えば、組織活動を創造的、精神的側面で支えている状況で、「メンバー・組織が活気に満ち、交流し合う空気に生きがいを感じる」といった場合です。シニアミドルに特に感じてもらいたい「生きがい」は二つ目の方で、少し意識していないと何の気付きもなく通り過ぎていきます。心の中に湧き上がってくるこの「生きがい」に気付くために、自分自身に次のような問いかけをしてみます。

◆自分らしい人生目標は何か、それに忠実に活動しているか。
◆他のために役立っているか。他から組織から必要とされているか。仲間と響き合い、支え合う実感はあるか。
◆自分がやりたいことと、やるべきことが一致しているか。
◆自分の苦悩や悲しみを自己中心から少し横に置いてみる感覚で、外から見ることができているか。そこに他を思いやる心が芽生える。
◆進むべき方向や表現したいことを見失ったときは、創造的なアイディアが浮かぶまで「待つ」ことができているか。

シニアミドルは多様な経験を重ね、悩み、苦しみ、絶望があったからこそ、他者の抱えている深刻な課題にもいち早く気付くことができるのです。「生きがい」は自分の中に育まれていく部分と他との関係性から育まれていく部分があります。両者を統合した自分らしい「生きがい」を見つけてもらいたいと思います。

中国故事に「疾風に勁草（けいそう）を知る」というのがあります。これは「苦難や試練に遭遇してはじめて、その人の意志の強さや節操の堅さがわかる」のたとえです。疾風の中でシニアミドルのしなやかに強く生き抜く姿が、勁草の士として認知される、それは大切な「生きがい」として心に残ります。

シニアミドルの「生きがい」をどのように育むかを考えるとき、その基本的なところで指針となる五点を取り上げました。そのあとでビジネス人生の晩年に膨らんでくる思い、即ち「何を残すか」を考えます。

1　「生きがい」を育む

（1）想像力を豊かにする

想像力はいかなる分野においても共通して必要とされ、重要な能力の一つです。想像力を育むのに少なくとも二つの視点があると考えます。

○自分ならどう考えるか

あらゆることに対して「自分ならどう考えるだろうか」を常にスタートラインにしてみる。有能レベルのシニアミドルであれば、未来志向のビジネス感覚で想像して、自分の考えを表現でき行動に移せる。例えば潰されそうになっている若者のアイディアを救い上げる、また無能レベルの多くが賛同する陳腐なアイディアを退ける、といったことを自分らしい判断基準で考えることができる。

ただし経験を重ねてきたことで、難しい問題もあることを自覚しておかなければならない。無能レベルのシニアミドルに見られるように、自分の中に先入観、常識、思い込みをつくってしまって、新しいアイディアが浮かばない、新たなリスクを取れない、ということになるからだ。シニアの落とし穴にはまらないように自分の内なるところをよく見つめ、対立する思考を熟慮して物事に対処していく。

何かにつけて、物事への疑問を持つことを習慣化する。疑問を持った回数が少ないと想像力も乏しくなる。多様な疑問を持てば、それぞれに対応した現実的な回答を求めようとする。しかし多くの場合、過去の知見から納得のいく回答は見出せない。容易に試行錯誤の行動にも移せない。どうしようもなく想像の世界で仮説を立て、その結果も想像力でシミュレーションしてみる外ないことが多い。想像の世界で格闘する過程が想像力を育む。

○物事の表と裏を見る

物事には表の顔の裏に潜在的な影の部分がある。このことを念頭に想像を巡らせる。表の有用な議論には影の側面を想像し、議論が影の側面にひるんだら逆に表の有用性を強調し、影の側面の克服策を想像する。参考のために「通常の表の部分」に対する「陰の部分」

をイメージしてみる。

・「チームプレー」には「決断の遅れ：安全運転思考：集団極性化」
・「顧客思考」には「顧客需要の本質が見えにくくなる：コスト管理が難しい：非現実的：常識的になりユニークな発想が出にくい」
・「実行重視」には「拙速になりやすい：独善的・独裁的支配を受けやすい」
・「革新的」には「用意周到の戦略軽視：企業・組織力無視」
・「グローバル・ビジョン」には「カントリーリスクを見落とす：マネジメント力が追いつかない：海外派遣の人材不足」

自分自身の発想を豊かにするだけではなく、職場のメンバーにも伝搬して想像力を高め、創造的なアイディアで盛り上がる。このベースになる「信頼と安心」の環境づくりにも貢献する。

（２）準備する心を育む

激変する時代にあるからこそ、不確実性の一部にでも取り付いて、リスクとしての認識、リスク回避への準備が大切になります。しかしそれは組織活動において目に見えにくい部分です。そこが有能なシニアミドルの大切な役割であり、「生きがい」にもなるところです。次に準備する心を育む四つの視点を提案します。

○自問自答をくり返す

場当たり的思い付きでは弱い。自分自身に「なぜ」をくり返し、自問自答の習慣を身につける。時には思いがけない課題に直面して、ただ「あれは何だったのだろう」とか「どうすればよいのだろうか」と的確な言葉に窮する場面がある。そのような時こそ直ちにフォローし、「知識の探索と深化」あるいは「知識の収束と発散のくり返し」で対処策を考える。大事なことであれば後日必ず同じ課題が出る。そのときに備えて準備力を発揮する。

○観察から観測へと進める

「観察」とは「物事の様相をありのままに見極め、そこにある種々の事情を知ること」であり、「観測」は「物事の様子をよく見て、動きを推測すること」である。物事の真の姿をよく見て理解する「観察」に留まらず、事の成り行きを推し量る「観測」まで思考を進める。準備力の動機付けになる。

○素早い判断の源が、準備力にあることを自覚する

卓越した素早い経営決断で知られていた、元トヨタ自動車社長　奥田碩氏の談話記事（日経ビジネス1995／9／18）を見ると、「どんな問題が起きても素早く判断できるように、常時、準備しておくこと」がモットーだった。「はっきりモノを言う」「豊田家にも臆せず直言する」と評されたが、「日頃の勉強と情報武装という用意周到さがあればこそ」で、大変な読書家であり、かつ現場にも足を運び率直に話し合った。

○準備力で幸運を呼び込もう

幸運が宿るには、少なくとも準備の努力が欠かせない。パスツールの有名な言葉がある、「幸運は準備された心に宿る」と。「プランド・ハップンスタンス」も準備された計画と実行があってはじめて、偶然の成果を呼び込むことができると示唆している。

（3）努力・変化・誇りのサイクルでエネルギーを高める

有能レベルを獲得したシニアミドルは、一人ひとりの年齢や立ち位置によって「生きがい」への取り組みは異なるにしろ、努力を重ねることにためらいはありません。目的を持った努力の積み重ねが自分自身を変え、状況を変え、仲間・組織に好影響をもたらした、といった経験をすると、自分の努力を誇らしく思えてきます。そして変化する仲間や組織に対しても誇らしい思いに駆られます。この誇らしい感情が新たなエネルギーを生み、新たな目標に努力を重ねる原動力になっていきます。自分自身と組織の成長に寄与する、この「努力・変化・誇り」のサイクルの渦中に入ることができれば、素晴らしい「生きがい」になります。

無能レベルから脱却できないシニアミドルは、努力する意欲を失っているように感じます。努力不足によってどうなるのか、念のために押さえておきます。『勝間和代・上大岡トメの目うろこコトバ』によると「努力不足が被害者意識を生む」とし、次のような「努力不足の四段階」を提示しています。それは「努力不足→責任転嫁→被害者意識の醸成→加害者への転嫁」へとたどる意識の変化です。

（４）自分の足跡を大切に思う

長いビジネス人生を歩んできて、自分の足跡を軽視する人生は幸せとは言えません。人それぞれに懸命に歩んできた足跡を振り返ったとき、多くが結果的にgive and giveだったとしても、自分の人生は結構有意義なストーリーになっていると思えるはずです。足跡を大切に思う心によって、積極的に前に進む希望が湧き、勇気が与えられると考えます。

スティーブ・ジョブズが２００５年スタンフォード大学卒業式で語った、心に響くメッセージは有名です。「Stay hungry, stay foolish !」とともに、点と点がつながる人生を意味する「Connecting the dots」もよく知られています。このメッセージは、「自分の信じる何かの一つひとつを信じて行動していくと、いつかその点と点はつながっていく。挫折も成功も一つひとつの点だ。次に何が起きるかは誰にも分からないから、自分を信じて点をつなげていく。そして振り返ったとき、すべての点がつながっていると信じろ」と伝えています。

自分の足跡を後悔しないためにも、そして足跡を大切にしようとする思いからも、次の二人の言葉は心の奥深くに入ってきます。

吉田松陰は「人生の成功者とはなすべきことを好きになる人である」と。『生きがいについて』の著者で精神科医の神谷美恵子氏は「やりたいことと、やるべきことが一致している人は幸せだ」と。

キャリアをより長く歩めば歩むほど、より自分らしく生きている、と実感できる仕事経験を重ねてもらいたいと思います。

(5) 自分らしさを磨く

自分らしさを出していくと、それに違和感を持つ者、反対の立場を取る者が出てきます。

上司であれ仲間であれ抵抗勢力との戦いが生じます。自分の内なるものを貫く意志の強さと、相手の思考、態度を飲み込む大きさと柔軟さを持って知識武装し、戦略を構想します。その上でひそやかに相手と対峙し、相手の弱点を突き、仲間と連携して波及効果を味方につけ、静かに仕掛けていきます。意志・知識・戦略が強ければ、必ず勝てるという確信を持つことができます。出る杭は打たれますが、「出る杭でも打たれないほどに飛び出る」意識を持つことだと考えます。

また自分らしさ、個性を磨くためには弛みない工夫、努力そして試行錯誤の人生を送るしかありません。日米野球界で活躍し最後に広島カープで投手人生を終えた、黒田博樹氏は漢詩の一節にある「雪に耐えて梅花麗し」を座右の銘とし、「苦しまずして栄光なしと、自分を奮い立たせた」と言っています。また彫刻家の佐藤忠良氏は語っています（日経ビジネス1998／5／11）。「失敗して恥をかいて、それじゃあ次はこうしようと汗をかいて、また挑戦して、また失敗して、こつこつ積み重ねていって、初めて深みや厚さが出てくる。失敗を重ねて何かを見つける。ものを見抜く力が生まれる。それが個性です」と。

2　「何を残すか」を考える

60歳代に入り、ビジネス人生のゴールまであと五年、三年、一年と迫ってきたとき、考えることは組織に「何を残すか」です。仕事上のこと、組織文化に関わること、になると思います。

◆ビジネスに直接関係する「技術と適応」に関する自分固有の知識、思考方法、ノウハウを後輩に伝えることを考える。報告書、手順書、管理規定書、学術的論文、特許等を作成する。営業関連に従事していれば、自分特有のセールストークをパンフレットにまとめ、組織で共有する。

◆組織文化のあるべき姿に態度で影響を与える。自分の生き方の中で大切に思ってきたことを、多くを語るのではなく、態度で示し結果として仲間の心の中にしみこんでいく。その態度のイメージを次のように考える。

・活き活きとした態度

シニアミドルが明るく活き活きとしていないと、若者にとっても未来がない。シニアミドルが好奇心にあふれた新鮮な雰囲気で、生気に満ちていれば、組織全体に希望がみなぎり、切磋琢磨の活力を生む。

・教え合う、学び合う態度

組織の上下関係や年齢的なところでの遠慮はいらない。多様な情報は一人ひとりの能力と興味、経験によって結果的に分担した形で所有している。情報の伝達に人の間の垣根は邪魔なものでしかない。互いに尊重し信頼し合う関係を築き、率直な態度で教え合い、学び合う。それぞれが強い個に成長し、強い組織を形成する。

・荒れ地に、人知れず「木を植える人」にならう

ビジネス人生の晩年になっても、大きい仕事、小さい仕事に関わらず、遠い先を見ながら目の前のことに一つひとつ誠実に取り組む。仕事上の困難なこと、権力抗争を含む人間関係上の複雑な問題には、シニアミドルであればこそやれることがある。使命感と気概そして穏やかな心と態度を持って、やるべきことにやりたい思いを重ねながら、率先して渦

中に入っていく。自分の時代は終わり課題が残っても、抱いていた大きな希望は心ある者の心の中に伝わる。形を変えながら次の世代に受け継がれていく。

承認欲求の強い人は、もっとほめられてから退きたいと思うかも知れないが、そこは言葉にも態度にも出さない。精一杯の自分に誇りを感じ、自分で自分をほめればそれでよしとする。そして静かに見守る。

箱根の関所址の苔むした古い歌碑に「あれをみよ　みやまのさくら　さきにけり　まごころつくせ　ひとしらずとも」とあるという。ここに到って心の安らぎを得る。

参考文献

『[新装版] ピーターの法則──「階層社会学」が暴く会社に無能があふれる理由』ローレンス・J・ピーター、レイモンド・ハル／渡辺伸也訳、ダイヤモンド社、2018
『第2版リーダーシップ論──人と組織を動かす能力』ジョン・P・コッター／DIAMONDハーバード・ビジネス・レビュー編集部、黒田由貴子、有賀裕子訳、ダイヤモンド社、2012
『両利き経営：「二兎を追う」戦略が未来を切り拓く』チャールズ・A・オライリー、マイケル・L・タッシュマン／渡部典子訳、東洋経済新報社、2019
『知識創造企業』野中郁次郎、竹内弘高／梅本勝博訳、東洋経済新報社、1996
『「超二流」への進化で仕事が変わる 組織が変わる：個人と組織を活かす新しい生き方』大井俊一、22世紀アート、2020

『リーダーシップ：組織を支えるリーダーへのメソッド』大井俊一、22世紀アート、2020
『理系力を活かすキャリア開発』大井俊一、22世紀アート、2021
『ハイ・フライヤー：次世代リーダーの育成法』モーガン・マッコール／リクルートワークス研究所訳、プレジデント社、2002
『イノベーションのジレンマ』クレイトン・クリステンセン／伊豆原弓訳、翔泳社、2001
『成功する日本企業には「共通の本質」がある：ダイナミック・ケイパビリティの経営学』菊澤研宗、朝日新聞出版、2019
『なぜ人と組織は変われないのか：ハーバード流自己変革の理論と実践』ロバート・キーガン、リサ・ラスコウ・レイヒー／池村千秋訳、英治出版、2013
『GIVE & TAKE：「与える人」こそ成功する時代』アダム・グラント／楠木建監訳、三笠書房、2014
『ビジネス・プロフェッショナル』大久保幸夫、ビジネス社、2006

『内向型を強みにする―おとなしい人が活躍するためのガイド』マーティ・O・レイニー／務台夏子訳、パンローリング、２０１３
『夜と霧（新版）』ヴィクトール・E・フランクル／池田香代子訳、みすず書房、２００２
『超チーム力：会社が変わる シリコンバレー式組織の科学』リッチ・カールガード、マイケル・S・マローン／濱野大道訳、ハーパーコリンズ・ジャパン、２０１６
『ビジョナリーカンパニー ２：飛躍の法則』ジェームズ・C・コリンズ／山岡洋一訳、日経BP社、２００１
『第８の習慣』スティーブン・R・コヴィー／フランクリン・コヴィー・ジャパン訳、キングベアー出版、２００５
『７つの習慣』スティーブン・R・コヴィー／ジェームス・J・スキナー、川西 茂訳、キングベアー出版、１９９６
『こころで勝つリーダーシップ』大井俊一、22世紀アート、２０２２
『日本人へ 危機からの脱出篇』塩野七生、文春新書、２０１３

『生きがいについて』神谷美恵子、みすず書房、２００４
『勝間和代・上大岡トメの目うろこコトバ』勝間和代、上大岡トメ、朝日新書、２０１０
『木を植えた人』ジャン・ジオノ／原みち子訳、こぐま社、１９８９

付録：法則、原則、バイアス、用語集
（本書内の記載順に列挙する）

◇「ピーターの法則」

階層社会ではすべての人は昇進を重ね、各々の無能レベルに到達する。人は有能さを認められれば昇進し、さらに新しいポジションで有能と認められれば、次の昇進が待っている。しかしすべての人は、いずれは役割変化に自己変革が追いつかなくなるために、最後の昇進は有能レベルから無能レベルへの昇進となる。その後はそこに留まり続けようとする。そこで「ピーターの必然」は次のような帰結を予測する。やがてあらゆるポストは、職責を果たせない無能人間によって占められると。

◇「サクセストラップ」

成功体験を重視しすぎて環境変化に取り残されることを意味する。成功体験で得た過剰な自信が頑なさを生み、次の段階で環境が異なれば同じ戦略・戦術では通用しない。

◇「トゥキディデスの罠」

既存の支配的な大国が、急速に台頭する大国とライバル関係に発展する際に、それぞれの立場をめぐって摩擦が起こり、当初はお互いに望まないが、結局は直接的抗争に及ぶ、という様子を表現したもの。社内の権力抗争にも適用できる。

◇「サンクコスト（Sunk cost：埋没コスト）効果」

回収できない費用、埋没費用を、回収したい、手放したくない、という思考にこだわる。一旦獲得したものは手放せないことになる。特に巨大な資源、ヒト・モノ・カネ・時間を投下した経営施策には、客観的に判断して明らかに悪化している状況でも、現状を放棄すべきではないと強硬に主張して、抜本的変革に抵抗し「損切り」ができない、むしろ追加のコストをかけて抵抗する。

◇「内集団バイアス」

根拠なく自分の属している集団を持ち上げて考えてしまう。事実情報、客観的考察でも集団の意思に反すると考える情報は、隠匿、抹殺の対象になる。なぜか我を忘れて興奮してしまう。

◇「自己効力感」

自分が目標遂行に効果を及ぼすとき、どれだけの能力を持っているか、の自己認知を意味する。自信があり優越感があれば、挑戦力は増大する。一方自信がなく劣等感を持っていると、守旧的になり立場にこだわる。

◇「経路依存症」

過去の道筋に依存しやすく、平時では何とかやれているからこそ、やり方を変えることが難しい。しかし急変する環境には個人も組織もとても対応できない。日本企業の「失われた30年」の原因は、この「経路依存症」といわれている。

◇「過剰適応」

ある環境に合うようにと、自身の行動や考え方を変える程度が、度を超えている状態を指す。ここでは自分の都合よりも周りからの要請を優先させ、過剰な仕事環境に能力、体力の限界を越えて対応している状況を意味する。

◇「現状維持バイアス」

現状が正しいと思いこもうとする心理で、日常でも仕事でも、人が何かを判断する状況に直面したとき、リスクを覚悟のうえで変化を求めるケースは極めて少ない。多くの場合は危険を避けて、現状維持を選択するという心理効果。人間の本性に関わるところで、本当の危機が来るまで気付かない、あるいは気付かないふりをし続ける。

◇「自己成就予言」

自分でこうなるのではないか、あるいはこうありたいと思って行動していると、自分も周囲もその気になって、実際にその予言が現実のものとして成就してしまう現象。自己の上昇過程で自らを高めていくこともあるが、逆に心配な方向への下降過程でも見かける現象。

◇「フレーミング」

枠付けをすることで、物事の見方を特定の方向に誘導する。

◇「学習性無力感」

抵抗も回避もできないストレスに長期間さらされると、そこから逃れようとする努力、行動をしなくなる。何を言っても必ず否定されると思ってその状況を受け入れ、意見を出さなくなる、出せなくなる。

◇「ハインリッヒの法則（1：29：300の法則）」

労働災害の統計から導き出された法則で、「1件の重大事故の裏には29件の中程度の事故があり、その背景には３００件のケガには至らないが、ヒヤリ・ハットといわれる異常事故がある」というもの。日常活動の中でいかに「ヒヤリ・ハット」に気付き、減らすかが重要な課題になっている。この法則は応用範囲が広く、不祥事防止や重大危機の予測にも活用できるし、大きな成功を導きたい場合の思考プロセスにも有用である。

◇「承認欲求」

他者から認められたい、自分を価値ある存在として認めたいという欲求。アブラハム・マズローが提唱した人間の基本的欲求の五段階説で、「承認欲求」は四段階目に入る。欲求の五段階とは、①生理的欲求②安全欲求③所属と愛の欲求④承認欲求⑤自己実現欲求。

◇「サバイバルバイアス（生存者バイアス）」

生き残った人だけに注目する認知の偏りで、生存者の実態がよりよく見えてしまう。生き残った人だけの認知に偏ると、成功の陰で支えてくれた人たち、犠牲になった人たち、幸運の重なり、不都合な事実などは目に入らず、都合のよい成功要因のみに注目してしまう。局面が異なっていても成功の要因を誤解したままで落とし穴に気付かない。

◇「リフレクション」

自らの経験を振り返ることによって、新しい気付きを獲得し、思考や行動に変化をもたらすというもの。またリフレクションは「内省」を意味する。内省とは、自分の行為ではなく、自分の考え方や価値観にスポットを当てている。日常頻繁に使う「反省」が「行為を振り返り行為を改善するためのもの」であるのに対して、「内省」は「自分自身の思考や価値観を客観視すること」で、異なる概念になる。

◇「ハロー効果（Halo effect）」

ある現象を評価するとき、その一部の特徴的な印象に引きずられて、全体の評価をしてしまう効果である。「後光効果」ともいわれる。

◇「メタ認知」

自分の認知活動を客観的に捉える、つまり、自らの認知（考える、感じる、記憶する、判断するなど）を認知すること。言い方を変えると、自分自身を超越したところから自分を客観的に見ることに加えて、自分自身をコントロールし、冷静な判断や行動ができる能力が含まれる。

◇「快楽と痛み（苦痛）の原則」

無意識でいると、〃苦痛から逃れたいという習性〃が、〃快楽を求めたいという習性〃より強く感じている。従って人の心は目の前の苦痛から逃れ、今の楽な安易な方向に走ろうとする。

◇「確証バイアス」

自分の価値観や利益に合致する意見や情報は積極的に取り入れる一方、自らの世界観、価値観、利益に反する意見、情報は拒絶する、あるいは気付かないふりをして迂回する。

◇**「対比効果」**

他と比べると、違って見えてくることである。この効果を活用して自社品、自社経営のあり方等を再評価する。

◇**「フロー状態」**

最高に集中し没頭している状態で、かつリラックス状態でもある。

◇**「パラダイムの不条理」**

成功後も、真面目であるが故に同じ方向に努力を積み重ね、そこに非効率や不正が生じても変革コストが大きいために、変革しない方が合理的という不条理な判断に陥る傾向を意味する。

◇**「共特化の原理」**

サンク（埋没）コスト、機会コスト、交渉・取引コスト等の想定コスト以上にプラスを生み出すような変革、つまり既存の資産、資源の再構成、再配置、再利用である。また別の解説資料を見ると、共特化の原理は、現状変革を実行するために、既存資産の再構成、再配置が必要であるということで、この再構成、再配置の意味するところは、直接的な資産間や知識間の問題だけではなく、まず全体としてのミッションやビジョンがあり、それを正しいと経営者が価値判断し、社員もそれに共感し、既存の人的・物的資産のみならず知識・技術資産も再構成、再配置していく。これによって、オーケストラのように部分の総和以上の全体を生み出す原理である。

◇「裁兵」

中国古典に出てくる言葉で、戦争で勝利した軍が、敗戦の将兵を他の戦争で最前線に送り込むなどして、消耗させてしまうこと。敗残兵は放っておけば浪人になって治安を乱したり、敵と結んだりする可能性があるので、次の戦争の時に最前線に投入する。勝てばそれでよし。負けても敗軍将兵を片付けられるのでそれでよし。どちらにしても損はない、というもの。

◇「奴雁（どがん）」

雁（かり）の群れが餌をついばんでいるとき、仲間が外敵から襲われないように首を高くして周囲を警戒する一羽の雁のことをいう。福沢諭吉が「学者は国家の奴雁なり」と説いたといわれている。

◇「引き寄せの法則」

強く願ったり、信じたりしたものは実現しやすいこと。

◇「四知」

「天知る、地知る、我知る、なんじ（相手）知る」（『後漢書』）で、二人だけの秘密といっても、すでに天が知り、地が知り、私が知り、あなたも知っている。どんなに秘密にしていてもいつかは他に漏れ、いずれは多くの人たちが知ることになるということ。

◇「共視」

本来赤ちゃんと母親との関係から生まれた、赤ちゃんの発達心理学での概念で、赤ちゃんは母と共に同じものを見る〝共視〟の行為によって、母の視線を追いかける、母の注意はどこに向けられているかを知る、視線の先にある何かに関心を持つ。母が何かを思い何かを言っていることに気付き始める。「共視」から「共感」が生まれる。

◇「逆命利君」

「命に逆らいて君に利する、之を忠という」。本当の忠誠心とは、上司の命令であっても、それが組織のためにならないと判断すれば、上司への反論になっても、あえて正しいと思うことを言う。それが結果的に上司の利になると考えるからである。

◇「心理対比」

目標を立てるときに「最高の状態」とあわせて「最悪の状態」も想定すること。最高への条件、最悪へのリスクを予測し対策準備に役立つ。

◇「共進化」
密接な関係を持つ複数の種が、互いに影響を及ぼし合いながら進化すること。その例として、獲物となる植物食恐竜トリケラトプスは防御のために巨大化し、巨大になっていく獲物を狩る肉食恐竜ティラノサウルスも狩るために巨大化した、というもの。

◇「ジレンマ作戦」
攻撃相手に二つの選択肢を示し二者択一を迫る。そのときどちらを選択しても結果的に相手にとって不利になる状況をつくり出す作戦。「ジレンマ」の意味（三省堂スーパー大辞林）として例えば、「前に進めば虎と出会い、後ろに退けば狼と出会う。しかし前に進むか後ろに退くかしかない。従って虎と出会うか狼と出会うかであり、いずれにしても困った結果となる」。

◇「リスキーシフト(Risky shift)」
集団で何かを判断するとき、過激でリスクの高い意見に同調して、一人で考えていた場合より、より危険でリスクの高い判断をしてしまう心理状態で、「赤信号、みんなで渡れば怖くない」というのは典型的なリスキーシフトに当たる。

◇「コーシャスシフト（Cautious shift）」

有力メンバーに安全志向が強い場合は、集団討論によって、より安全志向で保守的な判断が強まること。

◇「**集団極性化**」

個人の判断や意見が集団による討論や他者との接触によって、優勢な判断や意見の方により傾くこと。客観的に優れた意見を持つ少数メンバーも、議論が進むにつれ持論を変えて優勢意見に飲み込まれていく現象が起こる。

◇「アンコンシャスバイアス（Unconscious bias：無意識バイアス）」

自分自身は気づいていない、モノの見方や捉え方の歪みや偏りである。過去の経験や知識、価値観、信念をベースにした認知や判断が、自分自身で意識しないまま、何気ない発言や行動として現れることを意味する。特に上位職リーダーの場合、無意識でいると部下を見下す発言や無視する態度となる。

◇**「胆識」**

「胆識」とは「見識＋決断力＋断行力」で、「見識」は「知識＋自分の考え」、そして「断行力」は「無理や困難を押して物事を行うこと」を意味する。

◇**「疾風に勁草（けいそう）を知る」**

中国故事で、苦難や試練に遭遇してはじめて、その人の意志の強さや節操の堅さがわかる、とのたとえ。

著者紹介

大井俊一　（おおい・しゅんいち）
(Oi Shunichi)

１９４０年生れ
九州大学農学部農芸化学科卒
農学博士
化学系製造企業にて、研究開発、学術面での営業支援に従事
現在、社員研修講師、講演活動を行っている

著書：
『リーダーシップ：組織を支えるリーダーへのメソッド』（22世紀アート）２０２０

『「超二流」への進化で仕事が変わる　組織が変わる：個人と組織を活かす新しい生き方』（22世紀アート）２０２０
『理系力を活かすキャリア開発』（22世紀アート）２０２１
『こころで勝つリーダーシップ』（22世紀アート）２０２２

シニアミドルが直面する自己変容の必然

2023年8月31日発行

著　者　大 井 俊 一

発行者　向 田 翔 一

発行所　株式会社 22 世紀アート
〒103-0007
東京都中央区日本橋浜町 3-23-1-5F
電話　03-5941-9774
Email: info@22art.net　ホームページ：www.22art.net

発売元　株式会社日興企画
〒104-0032
東京都中央区八丁堀 4-11-10 第 2SS ビル 6F
電話　03-6262-8127
Email: support@nikko-kikaku.com
ホームページ：https://nikko-kikaku.com/

印刷
製本　株式会社 PUBFUN

ISBN：978-4-88877-249-5